DAS INSEKTENKOCHBUCH
Der etwas andere Geschmack

Ingo Fritzsche & Bulpa Gitsaga

NTV Kochen

Gewidmet unserer gemeinsamen Tochter
Jasmin Chinda Fritzsche

Die in diesem Buch enthaltenen Angaben, Ergebnisse, Dosierungsanleitungen etc. wurden von den Autoren nach bestem Wissen erstellt und sorgfältig überprüft. Da inhaltliche Fehler trotzdem nicht völlig auszuschließen sind, erfolgen diese Angaben ohne jegliche Verpflichtung des Verlages oder der Autoren. Verlag und Autoren übernehmen daher keine Haftung für etwaige inhaltliche Unrichtigkeiten.

Alle Rechte, insbesondere das Recht der Vervielfältigung und Verbreitung sowie der Übersetzung, vorbehalten. Kein Teil des Werkes darf in irgendeiner Form (Druck, Fotokopie, Mikrofilm oder andere Verfahren) ohne schriftliche Genehmigung des Verlages reproduziert oder unter Verwendung elektronischer Systeme verarbeitet, gespeichert oder vervielfältigt werden.

2. Auflage 2009

ISBN 978-3-86659-127-1

Bildnachweis:
S. 20 (Heuschrecke): G. Fiedler
S. 22 (Grillen): G. Fiedler
S. 24 (Wachsmotte): G. Fiedler
S. 25 + 60 (Skorpion): W. Schmidt
S. 56 (Grille): fauna topics
Alle übrigen Aufnahmen stammen
von den Autoren

© 2002 Natur und Tier - Verlag GmbH
An der Kleimannbrücke 39/41, 48157 Münster
Tel. 0251/13339-0, Fax 13339-33
www.ms-verlag.de
Verleger: Matthias Schmidt
Lektorat: Kriton Kunz und Heiko Werning
Layout: Ludger Hogeback
Druck: Alföldi, Debrecen

INHALTSVERZEICHNIS

6 · Vorwort
7 · Danksagung
8 · · · · · · · · · Was das Insektenessen bei Ihnen bewirken könnte
9 · Was sind Insekten?
10 · Bedeutung der Insekten
11 · Ein Blick zurück
13 · Vorteil Insekt
14 · Lebenswichtig
15 · Empfohlene Tagesration
16 · Insekten im Nährstoffvergleich
16 · Proteine im Vergleich
19 · Ein Wort der Warnung
20 · Die „lebenden Zutaten" im Überblick
28 · Weitere Zutaten
32 · Der Umgang mit den Zutaten
34 · Hände weg von der Natur!
34 · Der Insektenverzehr weltweit

DIE GERICHTE

Suppen

36 · · · · · · · · · Tom Yam Meng Gra Choon – „Gryllotalpa in der Suppe"
38 · · Tom Kha Rod Duan Pratet America – „Zophobas in Kokosmilch"
40 · · · · · · · · · · · Tom Yam Kai Mot Daeng – „Ameisenpuppensuppe"
41 · · · · · · · Gaeng Sóm Pak Gah Cheht Sai Gingrit – „Grillensuppe"

Salate

42 · Soom Tam Maeng Dah – „Wasserwanzen im Papayasalat"
44 · · · · · · · · Yam Meng Ruam Mit – „Pikanter Insektensalat"
45 · · · · · · · · · · · · · · Yam Meng Ienun – „Junikäfersalat"

Hauptspeisen

Sushi-Mix · 46
Rad Nah Rod Duan – „Grünkohl mit Wurm" · · · · · · · · · · · 48
Kau Pad Meng Ienun – „Junikäfer mit Reis" · · · · · · · · · · · 49
Tord Kai Mot Daeng – „Ameisenomelett" · · · · · · · · · · · · · · 50
Tord Meng Dah – „Gebratene Wanze" · · · · · · · · · · · · · · · · 51
Kai Chaom Meng Tschag Gaschan –
„Singzikaden mit Chaom-Gemüse" · · · · · · · · · · · · · · · · · · · 52
Pad Prig Geng Taggataen –
„Knusprig gebratene scharfe Heuschrecken" · · · · · · · · · · · 54
Jingrit Pad Tua Ngork Bai Horapa – „Grillen mit Basilikum" · · · · · · · · 56
Kway Tiow Pad Meng Jingrit – „Gebratene Reisnudeln,
mit Grillen und Mehlwürmern verfeinert" · · · · · · · · · · · · · · 57
Taggataen Obwunsen – „Heuschrecken in Kasserolle" · · · · · · · 58
Taggataen Priau Waan – „Süßsaure Heuschrecken" · · · · · · · · 59
Meng Pong Tord Raad Khao – „Frittierte Skorpione mit Reis" · · · · · · · 60
Dacap Tord Gratiem – „Köstlicher Skolopender" · · · · · · · · · · · 62
Meng Dah Zohd Sai – „Gefüllte Wasserwanzen" · · · · · · · · · · 64
Schuchi Taggataen – „Pikante Heuschrecken" · · · · · · · · · · · 65
„Zaziki und *Zophobas*" · 66
Pad Priew Wan – „Süßsaure Heuschrecken mit Ananas" · · · · · · 67
Nhon Rad Mhu Sálad – „Schweinemedallons
mit Bienenlarven in Honig" · 68
„*Zophobas* in zarter Soße über frischem Spargel" · · · · · · · · · · 69

Snacks

Jingrit Sohd Sai Thua – „Gefüllte Grille" · · · · · · · · · · · · · · · 70
Taggataen Tord – „Gebratene Heuschrecken" · · · · · · · · · · · · 72
„Gryllus Frites – Grillen kurz geröstet" · · · · · · · · · · · · · · · 73
Meng Modt Tordt – „Geröstete Termiten" · · · · · · · · · · · · · · 74
Taggataen Pad – „Frittierte Heuschrecken in Kokosraspeln" · · · · · · · 75

Süße Snacks

„Grillen mit Schokolade überzogen" · · · · · · · · · · · · · · · · · · 76
„Karamellisierte Mehlwürmer" · 77

Bezugsquellen für die Insekten · 78
Weiterführende Literatur · 79

VORWORT

Auf unseren Reisen in Thailand bot sich uns die Möglichkeit, neben zahlreichen anderen kulinarischen Köstlichkeiten des Landes auch das ein oder andere Insekt zu verspeisen. Zuerst hatten wir – besser gesagt: der Erstautor – etwas Mitleid mit den Tieren, waren sie doch auch seine Untersuchungsobjekte während des Studienaufenthaltes. Stattdessen sollten sie von nun an die „Speise Insekt" sein, die uns täglich vorgesetzt wurde. Durch das Studium wussten wir schon relativ viel über die Lebensgewohnheiten der einzelnen Arten – dann aber einmal eine Heuschrecke zu probieren, war doch etwas völlig Neues und sogar ein kleiner Schock. Aber der erste Biss – und schon war die Leidenschaft für diese Art der Ernährung geboren.

Entomophagie, wie der Fachbegriff für „Insektenessen" heißt, war wie ein Virus auf uns beide übersprungen, wobei Bubpa Gitsaga als Thailänderin von Hause aus bereits „vorbelastet" war. Was nun folgte, war eine regelrechte Fresstour durch alle Marktstände, die wir finden konnten. Alles sollte probiert werden, um den unterschiedlichen Geschmack der einzelnen Insektenarten und deren Zubereitung kennen zu lernen. Dabei machten wir regelmäßig Fotoaufnahmen. Diese wurden später bei diversen Diavorträgen in verschiedenen Aquarien- und Terrarienvereinen gezeigt. Um stets etwas Neues und Wissenswertes mitteilen zu können, war es nötig, sich immer weiter mit der Entomophagie zu beschäftigen. Bei den Vorträgen hörten wir regelmäßig die Frage, wo man solche Rezepte bekommen bzw. nachlesen könne und ob die Rezepte zum Nachkochen bestimmt seien. Ja, liebe Leserinnen und Leser, letztendlich sind also Sie es, die uns davon überzeugten, dass es langsam an der Zeit war, ein Kochbuch über Insekten zu publizieren.

Wernigerode, 17.07.2002

Ingo Fritzsche & Bubpa Gitsaga

DANKSAGUNG

Mein besonderer Dank geht an meine Frau, Bubpa Gitsaga, ohne die das Buch in dieser Form sicherlich nie entstanden wäre. Auch ihrer Familie danke ich, die während der Exkursionen für ständigen Nachschub sorgte, auch wenn sie beim Verzehr oft schneller war als ich Europäer – schließlich wussten sie ja, wie lecker die Insekten schmecken...
Ein weiterer Dank geht an meine Eltern, die mich jederzeit tatkräftig unterstützten.
Herzlicher Dank auch an die Mitarbeiter des Natur und Tier - Verlags.

Ingo Fritzsche

Bei meinen Eltern möchte ich mich herzlichst dafür bedanken, dass sie mir halfen, bei diesem Projekt erfolgreich mitarbeiten zu können. Ebenso bei meiner Großmutter und meiner Tante, die uns freundlicherweise zahlreiche Insektenrezepte übermittelten – und diese teilweise frisch für uns zubereiteten.

Bubpa Gitsaga

WAS DAS INSEKTENESSEN BEI IHNEN BEWIRKEN KÖNNTE:

Bevor Sie weiterlesen, geben wir Ihnen Folgendes zu bedenken: Der häufige Genuss von Insekten und anderen Wirbellosen kann süchtig nach mehr machen. Die Folge sind Hunderte von Insekten, die im Wohnzimmer oder irgendwo sonst in der Wohnung gehalten und gezüchtet werden. Ihre Tiefkühlschränke werden überquellen, und Sie werden nicht mehr nachkommen, die Überproduktion zu verzehren ☺

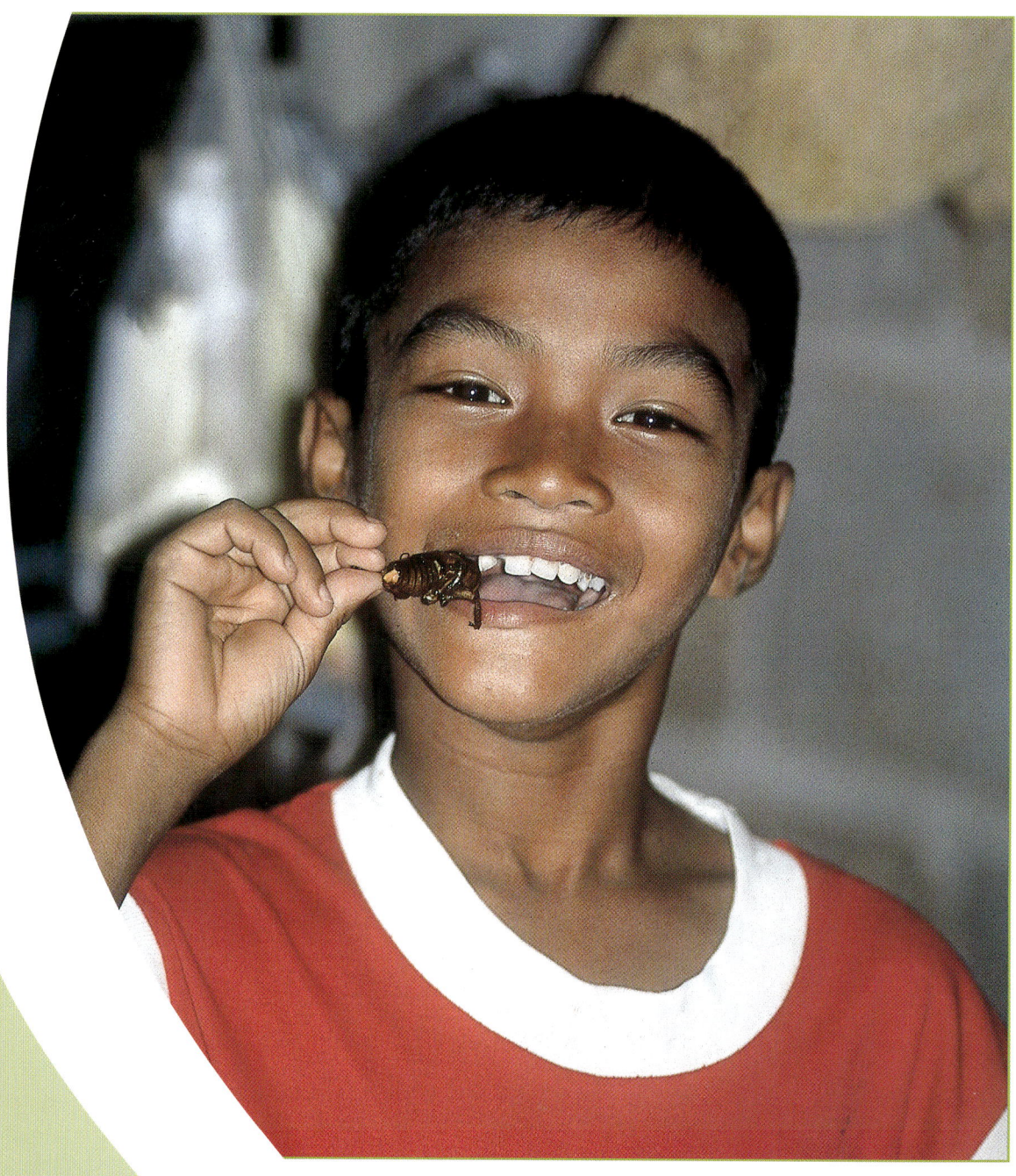

WAS SIND INSEKTEN?

Innerhalb der Evolutionsgeschichte spielten und spielen die Insekten die wohl wichtigste Rolle von allen Darstellern, die auf unserer Erde bis zum heutigen Zeitpunkt auftraten. Seit mehr als 300 Millionen Jahren bevölkern diese kleinen Tiere den Blauen Planeten. Sie überlebten schon manche Epoche sowie ganze Tierstämme, und sie werden sicherlich auch das Zeitalter der Säugetiere überdauern. Aber was ist eigentlich ihr Erfolgsrezept, ihr ureigenstes Geheimnis? Ein Grund ist sicherlich die große Zahl an Nachkommen, die jede Generation erzeugen kann. Aber auch ihre hohe Anpassungsfähigkeit an unterschiedliche Lebensräume und deren ökologische Verhältnisse spielen eine wichtige Rolle. Innerhalb des Tierreiches stellen die Insekten 3/4 aller bekannten Arten. In arktischen Eiswüsten oder Gebirgsgletschern, in heißen Wüsten, tiefen Seen oder gar an Rändern von Vulkankratern, Insekten lassen sich einfach überall finden. Ihre Körpergröße kann von wenigen Mikromillimetern bis hin zu 50 cm Länge variieren.

Die auffälligsten Merkmale eines Insektes sind unter anderem der stark gegliederte Körper, der in Kopf, Brust und Hinterleib eingeteilt ist; Brust und Hinterleib können jeweils weiter gegliedert sein. Wie beispielsweise auch Spinnentiere oder Krebse zählen Insekten aufgrund dieser auffälligen Körpergliederung zur Klasse der Gliedertiere. Es gibt derzeit etwa eine Millionen beschriebener, das heißt der Wissenschaft bekannter Arten, wobei jedoch noch ein bis fünf weitere Millionen unentdeckt sein dürften. Die Ernährungsweise der Insekten ist sehr vielfältig. Wir finden neben reinen Pflanzen- oder Fleischfressern auch Allesfresser und sogar Aas- und Kotfresser. Dementsprechend unterscheiden sich natürlich auch die Mundwerkzeuge der Insekten. Wir alle kennen beispielsweise die stechend-saugenden Mundwerkzeuge der Mücken, die beißenden Kiefer von Grillen und die langen Rüssel von Schmetterlingen.

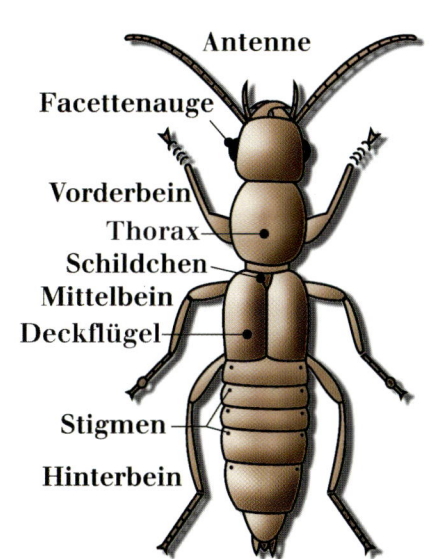

Betrachten wir die Tiere etwas genauer, so werden wir über ihre unzähligen Sonderentwicklungen und Eigenschaften aus dem Staunen nicht herauskommen, und eine eingehendere Beschreibung würde den Rahmen dieses Buches sprengen.

Daher nur kurz einige weitere Sätze zum Körperbau: Der Kopf ist meist beweglich an der Brust angesetzt und besitzt mehr oder weniger große Facettenaugen, in denen mehrere Hundert kleine „Einzelaugen" zu einem mosaikartigen Gebilde zusammengefasst sind.

Neben den Facettenaugen können zusätzlich Punktaugen, die so genannten Ocellen, vorhanden sein. Diese dienen meist zur Wahrnehmung von Hell und Dunkel oder von Bewegungen von Feinden bzw. Beute. Neben den Augen sind auch noch Fühler (Antennen) am Kopf zu finden. Diese besitzen meist die Eigenschaft eines Tast- und/oder Geruchsorgans. An den Kopf schließt sich der Brustteil an. Am Thorax, wie dieser wissenschaftlich genannt wird, setzen die drei Beinpaare und, wenn ausgebildet, die zwei Flügelpaare an. Der Thorax ist sehr muskulös, wodurch er für unsere Zwecke besonders interessant ist. Auf den Thorax folgt schließlich das Abdomen, der Hinterleib. Er trägt in erster Linie die inneren und äußeren Geschlechtsorgane, etwa die Ovarien (Eierstöcke), die für eine erfolgreiche Reproduktion der Insekten wichtig sind. Bei vielen Arten sind die Weibchen aus diesem Grund für den Verzehr von besonderem Interesse, da der Proteingehalt des mit Eiern gefüllten Abdomens weitaus höher ist als der des restlichen Körpers.

An den Beinpaaren kann man die verschiedensten funktionellen Ausbildungen finden. Oft handelt es sich um Abwehrstrukturen, wie starke Dornen, sodass man zumindest die derart bewehrten Beinteile nicht mitessen kann.

Aus der Sicht eines Koches lässt sich der Körper auch wie folgt einteilen: Der Kopf, teilweise ein recht leckerer und unbedingt zu verwendender Körperteil. Die Brust, von den Muskeln her am besten ausgebildet, das Filetstück. An der Brust entspringen in der Regel die Flügel, die wir meist entfernen oder als Ballaststoffe verwerten können. Weitere Filetstücke finden wir dann erst wieder am Hinterleib, der nahrhaft und sehr proteinreich sein kann, besonders bei Weibchen mit Eiern. Die so genannten Keulchen gibt es bei den Sprungbeinen der Heuschrecken und Grillen. Sie sind zwar knusprig und bieten einen leckeren Geschmack, aber wenig Muskelfleisch.

BEDEUTUNG DER INSEKTEN

Aber warum sind die Insekten für die Evolution so wichtig? Beispielsweise zersetzen sie menschliche, tierische und pflanzliche Reste bzw. Abfallstoffe und wandeln sie wieder in Biomasse um.

Ohne ihre fleißigen Taten wären wir vielleicht schon längst ausgestorben, ähnlich wie die Dinosaurier: Bienen und andere Blütenbesucher bestäuben die Pflanzen und sorgen so für Früchte und Samen, die wir als Nahrung benötigen. Bienen liefern Honig, und auch in der Medizin wurden und werden zahlreiche Insekten genutzt. Schildläuse bildeten die Grundlage für Wachse und diverse Farbstoffe, die Raupe von *Bombyx mori* versorgt uns mit Seide. Jedoch nicht nur als Dienstleister und Lieferanten von Rohstoffen haben Insekten den Lebensprozess des Menschen mitbestimmt. In der Kunst hielten sie ebenso Einzug in das gesellschaftliche Leben wie eben in den Speiseplan des Menschen. Und auch als Schädlinge, Lästlinge und Krankheitsüberträger sind sie nicht zu unterschätzen und verursachen jährlich einen unermesslichen Schaden.

In diesem Buch wollen wir uns aber auf die Rolle der Insekten als Nahrungsmittel beschränken.

EIN BLICK ZURÜCK

Seit Beginn der Menschheitsgeschichte bedienten sich unsere Vorfahren – später auch der moderne Mensch – aus dem Naturhaushalt. Was sie zu essen fanden, wurde genutzt, sei es als Jäger, die großen Beutetieren nachstellten, oder als Sammler, die eher nach kleineren Happen Ausschau hielten. Die Sammler waren es auch, die den Speiseplan für die Sippe mittels Insekten ergänzten. Sie waren ursprünglich sicherlich nicht wählerisch, sondern sammelten alles ein, was ihnen irgendwie verwertbar erschien. Und darunter waren neben Beeren und Samen dann eben auch diverse Insekten. Nach SCHIMITSCHEK (1968) wurden Heuschrecken, größere Käferlarven, z. B. von Bock- und Rüsselkäfer, aber auch Zikaden, ja selbst Maikäfer gegessen. Unsere Vorfahren wussten natürlich nicht, dass der menschliche Körper ernährungsphysiologisch für diese Art von Nahrung adäquat ausgestattet ist und die reichhaltigen Inhaltsstoffe der Insekten sehr vorteilhaft sein können, und selbstredend war ihnen nichts über die einzelnen Nährwerte bekannt: Dennoch erkannten sie, dass der Verzehr der Insekten nicht nur nahrhaft war, sondern teilweise auch heilende Wirkungen bei verschiedenen Krankheiten haben und ihr allgemeines Wohlbefinden steigern konnte (BODENHEIMER 1951).

Bereits in der Antike wurden Aufzeichnungen über den Verzehr von Zikaden angefertigt, in denen auf den besseren Geschmack der meist prall mit Eiern gefüllten Weibchen hingewiesen wird, so etwa bei Aristoteles. In der Heiligen Schrift findet man unter den Speisegesetzen im 3. Buch Mose geschrieben, dass die Israeliten von den Insekten nur solche mit Sprungbeinen essen dürfen, also Heuschrecken und Grillen. Vier „Gattungen" werden sogar namentlich erwähnt, von denen alle Arten als Nahrung erlaubt sind. Auch Johannes der Täufer ernährt sich in der Wüste von Heuschrecken und wildem Honig. Heuschrecken sind aber auch eine der Plagen, die Gott über die Ägypter kommen lässt.

Ein Sprung in die Moderne: Noch im 19. Jahrhundert wurden auch in Europa, z. B. in Deutschland und Frankreich, in Tageszeitungen unterschiedliche Rezepte für Maikäfersuppen abgedruckt. Diese wurden damals in erster Linie von der ärmeren Bevölkerung zubereitet. Heute dagegen wird dieses Gericht in Feinschmecker-Restaurants in der Schweiz regelmäßig angeboten. Auch in Deutschland gibt es aktuell wieder Trendlokale, in denen man Insektenspeisen zu sich nehmen kann, z. B. in Berlin. Nicht zu vergessen sind auch die neuzeitlichen Süßigkeiten, wie in Schokolade getauchte Skorpione, oder Grillen und Mehlwürmer im Lolli.

Dass sich auch heute noch überwiegend arme Menschen bzw. Naturvölker zu einem wichtigen Teil mit Insekten ernähren, ist ein weit verbreitetes Phänomen. In Australien etwa nutzen die Aborigines Insekten im täglichen Speiseplan, die in manchen Gebieten fast der einzige Eiweißlieferant sind. Neben größeren Käferlarven und Heuschrecken sammeln die Aborigines auch Ameisen, die randvoll mit einem Honiggemisch gefüllt sind, die so genannten Honigtopf-Ameisen (*Melophorus bagoti* und Arten aus der Gattung *Camponotus*). Spezialisierte Arbeiterinnen dieser Ameisen werden täglich von Nestgenossinnen mit Honig und Nektar gefüttert. Der Honig wird dann in Magen und Darm eingelagert. Dabei vergrößert sich der Hinterleib drastisch und dient so als Reservoir für schlechtere Zeiten.

Auch in Afrika ist Insektenverzehr weit verbreitet. Unter der Vielzahl der verschiedenen Arten auf diesem Kontinent werden dort sogar Mücken gefangen und zu kleinen Kugeln zusammengeknetet, die man dann verspeist. Zikaden, Grillen, Termiten und Heuschrecken dürften jedoch an erster Stelle auf dem Insekten-Speiseplan der Afrikaner stehen.

Auf dem amerikanischen Kontinent werden je nach Gebiet und Kultur unterschiedliche Insekten verspeist, so bei den diversen Indianerstämmen des Nordens. Auch bei den Azteken standen Insekten mit auf der Speisekarte, und auch von ihren Nachfahren in Mexiko werden heute noch Insekten gegessen. In Brasilien genießt man diverse Larven von Großschmetterlingen. Beliebt ist eine Larve, die sich in Babassu-Nüssen entwickelt. Die Zubereitung erfolgt ähnlich der von Heuschrecken. Leider gibt es nur wenige Aufzeichnungen und Kenntnisse der Ethnologen (Völkerkundler) und Entomologen (Insektenkundler) darüber, was an Wirbellosen auf dem Speiseplan der Ureinwohner südlich des Amazonas zu finden ist.

Asien mit seinen vielen einzelnen Volksstämmen bietet ein ebenso reichhaltiges Angebot an Nahrungsmitteln. Auch hier werden Insekten vor allem aus Proteinmangel gegessen, denn ansonsten lebt die Landbevölkerung oft von immer denselben, mehr oder weniger unausgewogenen vegetarischen Gerichten. Das Angebot in Asien reicht von Vertretern der Käfer, z. B. Wasserkäfer, Maikäferartige, Pracht- und Blatthornkäfer über Wasserwanzen bis hin zu Heuschrecken, Schaben, Gottesanbeterinnen und Termiten.

Anhand dieser Beispiele lässt sich bereits ablesen, dass die Entomophagie, die Ernährung mit Insekten, kein ungewöhnliches Phänomen ist. Die reichen übersättigten Europäer und auch Amerikaner haben es durch ihre hoch entwickelte technisierte Landwirtschaft nicht mehr nötig, auf Insekten als Nahrung zurückzugreifen. Im Zuge der technischen Revolution wurde es immer leichter, genug Lebensmittel in den gewünschten Mengen zu produzieren. Das riesige Nahrungsangebot erlaubt uns, alle Nährstoffe, die unser Körper benötigt, sehr bequem aufzunehmen. Wir haben es also lediglich verlernt, uns von den kleinen Krabblern zu ernähren. Angeboren ist der Ekel nicht, den die meisten Europäer und Amerikaner bei der Vorstellung empfinden, Insekten zu essen, nur anerzogen, denn heute können wir ihn uns leisten: Noch im 18. Jahrhundert dagegen war es in Europa normal, dass die Menschen im Winter durch Nahrungsmangel drastisch an Gewicht verloren, teilweise bis zu 10 kg. Da hat sich die Situation grundlegend gewandelt, wo wir doch alle von Winterspeck reden und versuchen, diesen im Frühjahr so schnell wie möglich wieder loszuwerden.

Gemeiner Maikäfer (Melolontha vulgaris) nebst Puppe und Larve. Natürliche Größe.

VORTEIL INSEKT

Einige Ernährungswissenschaftler prognostizieren, dass die Nahrungsmittelversorgung der Weltbevölkerung auch außerhalb der heutigen Hungerregionen nicht mehr gesichert sein wird, sollten die Geburtenraten im jetzigen Tempo weiter ansteigen. Landwirte und die Lebensmittelindustrie dagegen sind der festen Überzeugung, auch weiterhin Nahrung liefern zu können. Die Landwirtschaft der Industrieländer leistet Überproduktion. Doch was ist der Preis dafür, wie kommen die Produktionsmassen zustande? Die Schlagwörter, die man ständig hört, sind kaum aus unserem Alltag wegzudenken. BSE-Krise, MKS, Bio-Skandale mit verseuchten Futtermitteln, Antibiotika und Wachstumshormone (Nitrofen), Legebatterien, Pestizide und vieles mehr sind nur einige Beispiele, was unseren Tieren, Pflanzen und uns selbst angetan wird. Denn letztendlich mutet man dann uns das belastete Fleisch und die Pflanzen als Nahrungsmittel zu. Sehr problematisch sind auch die Abfallprodukte, die durch Großviehhaltung entstehen, wie Stickstoff- und Nitratverbindungen oder Kohlendioxid. Vergleichsweise geringe biogene Abfälle würde dagegen die Großproduktion von Insekten erzeugen. Früher oder später würde dann vielleicht auch hier ein Skandal in der Presse auftauchen, das Risiko dafür ist jedoch sehr gering, da Manipulationen an Insekten mit Insektiziden und Pestiziden sowie größerem Einsatz von Antibiotika und Hormonen meist mit dem Zusammenbruch der Insektenzucht von selbst geahndet werden. Derzeit gibt es nur einige wenige Farmen, die Insekten in größeren Mengen liefern können. Für eine dauerhafte Eigenproduktion, also den Minibauernhof im Wohnzimmer bzw. im Keller oder Terrarienraum, benötigt man jedoch weder viel Platz noch viel Zeit. Deswegen wird sich die Eigenzucht der Lebensmittel unserer Meinung nach durchsetzen. Betrachten wir die Vorteile, die Insekten gegenüber dem bisher angebotenen Fleisch bieten:

Tabelle 1

Fleischlieferant	Platzbedarf	Skandale	Abfallprodukte	Eigene Haltung
Hühner	mäßig/meist Legebatterien	Legebatterien; Salmonellen; Nitrofen; Hühnergrippe	CO_2; NO_2	Nur bedingt möglich
Schwein	hoch	Antibiotika; MKS	CO_2; NO_2; NO_3^+	nicht möglich; Stall und Auslauf
Rind	sehr hoch	BSE; Antibiotika; MKS	CO_2; NO_2; NO_3^+	nicht möglich, Stallung und Weide
Fisch	größere Teiche	Futtermittel; Fadenwürmer; Eutrophierung	NO_2	nicht möglich
Lamm	hoch	MKS	CO_2; NO_2	nicht möglich, Stall und Auslauf
Insekten	sehr gering	Unbekannt	Minimal	geeignet, kleine Terrarien reichen meist aus

LEBENSWICHTIG

Um die menschlichen Lebensfunktionen aufrecht zu erhalten, ist unser Körper gezwungen, verschiedene Stoffe zu sich zu nehmen. Ohne die tägliche Energiezufuhr in Form von Nahrungsmitteln wäre der Körper in kürzester Zeit ausgemergelt und verbraucht.

Verschiedene Lebensmittel enthalten unterschiedliche Energieträger und Inhaltsstoffe, die während des Verdauungsvorgangs in körpereigene Stoffe umgewandelt oder zur Energiegewinnung verbrannt werden. Man teilt sie in folgende Kategorien ein:

Proteine

Proteine (Eiweiße) zählen zu den wichtigsten Bausteinen aller Lebensformen auf der Erde. In jedem Organismus sind Proteine enthalten, kein Organismus kann ohne sie existieren. Der Mensch besteht ebenfalls zu einem großen Teil aus Proteinen, die einen nicht unerheblichen Prozentsatz des Körpers ausmachen. Muskeln beispielsweise bestehen zu 33 % aus ihnen, Knochen und Knorpel dagegen nur zu 20 %. Ebenfalls wenig Proteine sind in der Haut enthalten, hier befinden sich nur 10 %. In den Körperflüssigkeiten kann man 37 % Proteine finden.

Unter den Aminosäuren, aus denen Proteine sich aufbauen, sind auch mehrere essenzielle, also solche, die der Körper zwar benötigt, aber nicht selbst herstellen kann. In tierischer Kost ist ein besonders hoher Anteil an essenziellen Aminosäuren enthalten, in den meisten pflanzlichen Nahrungsmitteln dagegen nicht. Vegetarier gleichen oft den Mangel an diesen essenziellen Aminosäuren durch diverse Pillen und Tabletten aus. Auch scheinbar gesundes Leben hat eben seine Mängel.

Da der Körper Proteine kaum speichern kann, müssen sie täglich über die Nahrung zugeführt werden, und zwar bei Erwachsenen 0,8 g/kg Körpergewicht, bei Kindern und Jugendlichen 0,9 g/kg Körpergewicht.

Fette und Kohlenhydrate

Fette und Kohlenhydrate sind die Energielieferanten des Körpers. Das Fett dient dabei in erster Linie als Speicher von Energie, ist aber auch beispielsweise am Aufbau von Hormonen beteiligt und wichtig für den Vitaminhaushalt, besonders bei den Vitaminen A, D, E und K. Ein erwachsener Mann kann täglich etwa 80 g Fett verarbeiten. Jedoch liegt der tägliche Konsum meist höher (Ramos-Elorduy 1998).

Kohlenhydrate, wie Stärke und Zucker, dienen vorwiegend der Energieversorgung. Im Durchschnitt benötigt jeder Erwachsene 250–360 g Kohlenhydrate pro Tag. Wir finden diese hauptsächlich in Nahrungsmitteln wie Getreideprodukten, Obst und Gemüse.

Vitamine und Mineralstoffe

Für unseren Körper sind Vitamine und Mineralien wichtig, um nicht zu erkranken, oder um „Reparaturen" auszuführen. Mineralstoffe, wie Kalzium, Eisen und Jod sind wichtige Bausteine der Zellen und der Körperflüssigkeiten. Wir benötigen sie für das Immunsystem, die Gehirntätigkeit, Wachstum und viele weitere Leistungen unseres Körpers. Vegetarier sind auch bei den Mineralstoffen wieder im Nachteil, da sich manche von ihnen nur spärlich in täglichen pflanzlichen Nahrung finden. Vielleicht können gerade bisherige Vegetarier ja den Schritt zum Insektenessen wagen, denn die Wirbellosen enthalten alles, was der menschliche Körper benötigt.

Empfohlene Tagesration

Die Tagesration für einen erwachsenen Mann beträgt rund 59 g Protein und 80 g Fett. Insgesamt sollte er 2500 Kalorien aufnehmen. Eine Frau benötigt nur 2200 Kalorien pro Tag, 44 g Proteine und 67 g Fett. Kinder im Alter zwischen sieben und zehn brauchen 24 g Proteine, 80 g Fett und 2400 Kalorien am Tag. Um diese hohen Dosen zu sich nehmen zu können, sind einige indigene Bevölkerungsgruppen zwingend auf Insekten angewiesen. Auch die modernen Zivilisationen könnten von dem Beispiel zahlreicher Volksgruppen profitieren und lernen.

INSEKTEN IM NÄHRSTOFFVERGLEICH

Wie aus den nachfolgenden Tabellen ersichtlich, sind Insekten sehr proteinhaltig. In einigen Ländern bzw. einigen Bevölkerungsgruppen dienen sie sogar als Hauptproteinlieferanten. In Sambia z. B. ist eine Schmetterlingsraupe die wichtigste tierische Proteinquelle. Es handelt sich dabei um die Larve von *Pseudanthera descrepans*, die auf dem Mopanie-Baum zu finden ist. Sie liefert für die Einwohner der Stämme Aka und Babinga 50–60 % des verzehrten Proteins (RAMOS-ELORDUY 1998). Eine andere Schmetterlingsraupe wird in Südafrika ebenfalls vom Mopanie-Baum abgesammelt, um als Eiweißlieferant zu dienen, nämlich *Gonimbrasia belina*. Von diesen Tieren wurden Anfang der 80er Jahre laut South African Bureau of Standards jährlich offiziell 1600 t abgeerntet. Private Sammelaktionen sind dabei noch nicht berücksichtigt, sodass der Verbrauch sicherlich noch höher einzustufen gewesen ist (DREYER & WEHMEYER 1982). Damit stellten die Larven dort neben dem Rind eine der wichtigsten Fleischquellen.

Wie schon erwähnt, hat die Nutzung von Insekten als Proteinlieferanten in der ärmeren Bevölkerung meist einen höheren Stellenwert als bei den besser Bemittelten. Auf jedem Kontinent lassen sich dafür Beweise finden, die jedoch den Rahmen des Buches sprengen würden. Verweisen möchten wir daher etwa auf die Arbeiten von BODENHEIMER 1951, SCHIMITSCHEK 1968 und DEFOLIART 1992.

Proteine im Vergleich

Betrachtet man Tabelle 2, so zeigt sich, dass Insekten neben dem hohen Proteinanteil auch viel Kalzium und Eisen enthalten. Besonders bei getrockneten Insekten liegt der Proteinanteil im Vergleich zu getrocknetem Fleisch „herkömmlicher" Haustiere sehr hoch und kann 60 % übersteigen (Tabelle 3). Beim Genuss getrockneter Heuschrecken oder Mehlwürmer nimmt man also die reinsten Proteinbomben zu sich! Sicher ein Grund für ihre Beliebtheit.

Tabelle 2: Bestandteile von div. Nahrungsmitteln pro 100 g

Nahrungsmittel	Proteine(g)	Kohlenhydrate(g)	Fett(g)	Kalzium(mg)	Eisen(mg)
Grillen	19,8	5,1	5,5	75,8	9,5
Kleine Heuschrecken	20,6	3,9	6,1	35,2	5,0
Große Heuschrecken	14,3	2,2	3,3	27,5	3,0
Seidenraupen/-puppen	9,6	2,3	5,6	41,7	1,8
Weberameisen	13,9	2,9	3,5	47,8	5,7
Wasserkäfer	19,8	2,1	8,3	43,5	13,6
Junikäfer	13,4	2,9	1,4	22,6	6,0
Termiten	14,2	-	-	0,05	35,5
Schmetterlingsraupen	6,7	-	-	-	13,1
Riesenwasserwanzen	19,8	2,1	8,3	43,5	13,6
Rind, mager	19	-	4	11	2,6
Rind, fett	17	-	28	9	2,9
Schwein, mager	19	-	7	8	2,0
Schwein, fett	10	-	37	7	1,4
Brathähnchen	15	-	4	9	1,3
Lachs	13	-	9	8	0,7
Magermilch mit 2 %	3,3	4,9	2,0	121,7	0,1
Eier	12,0	2,0	10,0	50,0	1,4
Gekochte Nudeln	4,4	23,1	1,3	10,0	1,6
Pizza	12,5	32,5	7,5	182,6	1,33

Tabelle 3: Proteingehalt einiger Insekten nach der Trocknung

Insektenart	Proteine in %
Heuschrecken	56,22
Mehlwürmer (Larve des Mehlkäfers)	47,76
Stubenfliegen (Larve)	54,17
Stubenfliegen (Puppe)	61,54
Junikäfer	42,62
Honigbienen (Larven)	41,68
Honigbienen (Puppen)	49,30
Ameisen	58,30
Faltenwespen	57,93

Tabelle 4: Konkrete Werte thailändischer Insekten, ebenfalls in g/100 g

Insektenart	Feuchtigkeit	Protein	Fett	Kohlenhydrat	Chitin	Asche	Kalorien
Maulwurfsgrillen	71,2	15,4	6,3	1,7	2,7	2,7	125,1
Junikäfer	74,1	13,4	1,4	2,9	5,0	3,2	77,8
Dungkäfer	68,4	17,2	4,3	0,2	7,0	2,9	108,3
Grillen, groß	73,3	12,8	5,7	2,6	3,1	2,5	112,9
Grillen, klein	71,4	12,9	5,5	5,1	3,0	2,1	121,9
Wasserwanzen	63,2	19,8	8,3	2,1	5,0	1,6	162,3
Schmetterlingspuppen	80,6	9,6	5,6	2,3	1,0	0,9	98,0
Heuschrecken, klein	61,1	20,6	6,1	3,9	4,0	4,3	152,9
Heuschrecken, groß	76,7	14,3	3,3	2,2	2,4	1,1	95,7
Wasserkäfer	61,2	21,0	7,1	0,3	7,6	2,8	149,1
Weberameisen	74,0	13,9	3,5	2,9	4,0	1,7	98,7
- Königinnen	66,1	12,7	12,5	4,9	2,8	1,0	182,9
- Puppen	81,9	7,0	3,2	6,5	0,8	0,6	82,8

Tabelle 5: Mineralstoffe und Vitamine bei diversen thailändischen Insekten. Werte in Milligramm (mg)

Insektenart	Mineralstoffe			Vitamine		
	Kalzium	Phosphor	Eisen	B_1	B_2	Niacin
Maulwurfsgrillen	75,7	245,1	41,7	0,2	1,89	4,81
Junikäfer	22,6	207,0	6,0	0,29	1,19	3,99
Dungkäfer	30,9	157,9	7,7	0,19	1,09	3,44
Grillen, groß	88,2	163,4	14,4	0,26	1,78	2,31
Grillen, klein	75,8	185,3	9,5	0,36	1,91	3,1
Wasserwanzen	43,5	225,5	13,6	0,09	1,5	3,9
Schmetterlingspuppen	41,7	155,4	1,8	0,12	1,05	0,86
Heuschrecken, klein	35,2	238,4	5,0	0,23	1,86	4,64
Heuschrecken, groß	27,5	150,2	3,0	0,19	0,57	6,67
Wasserkäfer	36,7	204,8	6,5	0,31	3,51	6,85
Rote Ameisen	47,8	206,0	5,7	0,24	0,88	3,38
- Königinnen	23,1	172,7	3,0	0,33	0,71	3,32
- Puppen	8,4	113,4	4,1	0,15	0,19	0,92

Die Tabellen zeigen auch die Anteile verschiedener, sehr wichtiger Mineralstoffe und Vitamine. So sind einige der hier erwähnten Arten sehr reich an Eisen, besonders Termiten (Tab. 2). Sie sind also hilfreich, um Eisenmangel entgegenzuwirken, der recht häufig besonders bei Genesung von Knochenbrüchen sowie bei Schwangerschaften auftreten kann – Eisenmangel ist eine der häufigsten Beschwerden bei Schwangeren. Das ist auch in Afrika so; ein Grund mehr für die dortige Bevölkerung, auf die gegenüber Tabletten kostengünstigere und leichter erhältliche Alternative zurückzugreifen (ORC 1986) – sicherlich auch schmackhafter.

Bei OLIVIERA et al. lassen sich Empfehlungen für die täglichen Dosen an Mineralstoffen und Vitaminen finden.

Ein Beispiel dafür, dass der Genuss von Insekten die benötigte Tagesration an bestimmten Stoffen bereits ausreichend decken kann: In Angola lebt der Falter *Usta trepsichore*. 100 g der Raupen, gekocht in Wasser, enthalten den Tagesbedarf an Eisen, Zink, Thiamin (Vitamin B_1) und Riboflavin (Vitamin B_2). Recht häufig unterschätzt wird der Bedarf an Zink, den unser Körper hat – gerade Vegetarier leiden häufig unter Zinkmangel. Auch viele Grashüpfer besitzen jedoch einen sehr hohen Gehalt an diesem Mineralstoff. Wieder ein Grund mehr, der dafür spricht, auf Insekten als Tablettenersatz zurückzugreifen, vor allem, wenn man auf die üblichen Fleischsorten verzichten möchte.

Neben den oben erwähnten Nährstoffen, Vitaminen und Mineralstoffen liefert ein Insekt natürliche Ballaststoffe in Form des Chitinpanzers. Chitin, das nahezu 10 % des getrockneten Insektes ausmacht, setzt sich aus verschiedenen Kohlenstoff-Polymeren zusammen. Um sein Exoskelett (Außenskelett) zu bilden, benötigt das Tier zusätzlich noch Kalzium, das mit im Chitinpanzer eingelagert wird, was uns dann beim Essen zugute kommt.

EIN WORT DER WARNUNG

An dieser Stelle möchten wir es nicht versäumen, auch auf die Risiken hinzuweisen, die der Verzehr von Insekten bergen kann.

• Allergiker mit Reaktionen auf Shrimps, Muscheln und Krebse, Staub und Schokolade könnten eventuell auch nach dem Verzehr von Insekten entsprechende Symptome zeigen (RAMOS-ELORDUY 1998).

• Es gibt weltweit derzeit ca. 1420 Insektenarten, die als Nahrung genutzt werden. Ein Großteil der existierenden Insektenarten besitzt zur Verteidigung chemische Abwehrstoffe, die unter Umständen toxisch wirken, aber auch Stoffe, die krebserregend sein können. Weitere Informationen zu diesem Thema finden Sie bei BLUM (1978).

Daneben werden beim Verzehr eventuell Viren, Bakterien, Schmutzpartikel und vieles mehr mit aufgenommen, was ebenfalls zu Krankheiten und Allergien führen kann. Darum sollten Sie erstens nur solche Insekten essen, die als Nahrungsmittel bekannt sind. Ähnlich wie beim Verzehr von Pilzen: Essen Sie nur, was Sie auch kennen! Vor allem aber versteht sich von selbst, dass man auf sauberes Arbeiten sowie gründliches Erhitzen der Insekten achtet.

DIE „LEBENDEN ZUTATEN" IM ÜBERBLICK

Da viele der in diesem Buch beschriebenen Gerichte sich hauptsächlich auf den asiatischen Raum beziehen, wird man sicherlich bei der einen oder anderen Zutat und somit natürlich auch bei der Beschaffung der verschiedensten Insekten auf Schwierigkeiten stoßen. Jedoch wurden auch alternative, leicht erhältliche Arten von Anfang an mit in die Rezepte übernommen bzw. diese teilweise für den europäischen Markt umgewandelt. An dieser Stelle ein kleiner Überblick über die bei uns gängigen und relativ leicht zu organisierenden Insektenarten. Für diejenigen, die sich an die Eigenproduktion ihres Essens wagen wollen, seien hier auch einige Hinweise für die recht einfachen Zuchten der Grundnahrungsmittel gegeben. Detaillierte Beschreibungen finden Sie beispielsweise bei FRIEDERICH & VOLLAND (1998).

Heuschrecken

Hier kommen in erster Linie Wanderheuschrecken in Frage. Derzeit sind vor allem zwei Arten in verschiedenen Groß- und Hobbyzuchten vertreten, nämlich die Afrikanische Wanderheuschrecke (*Locusta migratoria*) und die Gemeine Wüsten-Wanderheuschrecke (*Schistocera gregaria*). Die Tiere werden recht groß, immerhin erreichen ausgewachsene Exemplare zwischen 3 und 7 cm. Als geschlechtsreife Tiere verfügen beide Geschlechter über voll entwickelte Flügel. Die Larven zeichnen sich bei beiden Arten durch eine im Vergleich zu den Elterntieren andere Farbgebung aus. Am auffälligsten ist dies jedoch bei *Schistocera* zu beobachten.

Für eine eigene Zucht, also ständig frische Lebensmittel, benötigen Sie ein geräumiges Terrarium

(mindestens 40 x 30 x 30 cm) mit entsprechender Wärmequelle, am einfachsten eine herkömmliche Glühlampe, die das Becken tags auf 30 bis maximal 35 °C heizt. Ein Eiablagebehälter, meist ein kleines Plastikgefäß mit feuchtem Sand, sollte nicht fehlen, da die Weibchen ihren Hinterleib tief in die Erde bohren, um die Eier abzulegen. Gefüttert wird in erster Linie mit angekeimtem Weizen, Mais oder Gerste. Darüber hinaus wird regelmäßig Weizenkleie angeboten. Eine ausführliche Zuchtanleitung ist bei KLEINSTEUBER (1990) sowie LÖSER (1991) nachzulesen.

Die Larven schlüpfen bei den genannten Temperaturen bereits nach 12–16 Tagen und brauchen ca. 30–40 Tage für die Entwicklung bis zum fertigen, ausgewachsenen Insekt. Während dieser Zeit müssen stets frisches Futter und Wasser zur Verfügung stehen, da sich sonst die Entwicklung verlangsamt. Nach vier bzw. fünf Häutungen sind die Tiere ausgewachsen. Weitere vier bis sechs Tage später sind sie schon geschlechtsreif, und die „Produktion" des Fleisches kann wieder von vorne beginnen.

Was Sie unbedingt beachten sollten: Sorgen Sie in Ihrer Zucht für peinlichste Sauberkeit. Tote Tiere und Futterreste sollten Sie so schnell wie möglich aus den Behältnissen entfernen. Dadurch vermeiden Sie, dass Krankheiten und Infektionen sich in den Zuchten ausbreiten.

Grillen

Eine mit den Heuschrecken eng verwandte Gruppe stellen die Grillen dar. Diese Tiere sind meist streng nachtaktiv und können lautstark zirpen, was bei einer „Haustierzucht" berücksichtigt werden sollte. Die Tiere sind jedoch sehr schmackhaft, sodass es sich empfiehlt, auf ihre Zucht dennoch nicht zu verzichten.

Derzeit gibt es vier Arten, die regelmäßig im Handel angeboten werden, und die auch bedenkenlos in den Rezepten verwendet werden können.

Heimchen – *Acheta domesticus*

Uns ist das Heimchen eher als lästiger Störenfried bekannt, aber es gibt einige interessante Dinge mehr über dieses Tier zu berichten – vor allem nämlich, dass es sehr lecker schmeckt. Es handelt sich beim Heimchen um eine mittelgroße Grille von maximal 3,5 cm Länge. Die Grundfarbe ist ein schmutziges Hellbraun mit wenigen schwarzen Zeichnungselementen auf dem Körper. Die Adulti sind voll geflügelt, Weibchen besitzen eine lange dünne Legeröhre, mit der sie die Eier tief im Substrat platzieren.

Der Zuchtbehälter sollte eine Kantenlänge von 60 x 30 x 30 cm besitzen. Der Deckel muss unbedingt dicht schließen. Es hat sich gezeigt, dass die Belüftungsöffnungen mit feinem V2A-Geflecht bespannt werden sollten, da gewöhnliches Fliegengitter immer noch zu weitmaschig für die Jungtiere ist. Als Bodengrund dient feiner Sand. Kleine Plastikschalen, mit Torf oder Erde gefüllt, dienen als Eiablagebehältnis. Das Substrat halten Sie feucht, aber nicht zu nass. Nach 1 1/2 Wochen geben Sie die Eiablagebehälter in ein anderes Terrarium und bestücken das Zuchtbecken mit neuen. Insgesamt werden Sie etwa vier Terrarien für eine erfolgreiche Dauerzucht benötigen. Die Miniheimchen schlüpfen bei 25 °C bereits nach 11–13 Tagen. Beim Füttern der Tiere muss man beachten, dass Grillen zwar überwiegend pflanzliche Nahrung zu sich nehmen, aber auch einen hohen Bedarf an tierischer Nahrung haben. Verfüttert werden können verschiedene Obstsorten (Apfel, Birne, Orange, Banane, Melone etc.) sowie diverse Gemüse (Salate, Kohlrabi, Blumenkohl, Gurke etc.), wobei auf Kohlarten größtenteils verzichtet werden sollte. Darüber hinaus sollte stets etwas Trockenfutter gereicht werden, wie Haferflocken, Weizenkleie, Trockenmilchpulver und Katzenpellets als tierische Proteinquelle. Werden die Tiere derart ausgewogen ernährt und hält man die Temperatur konstant, so ist die Entwicklung der Junggrillen spätestens nach 68–75 Tagen abgeschlossen. Ein kleines Schälchen mit Trinkwasser darf natürlich nicht fehlen.

Kurzflügelgrille – *Gryllus sigilatus*

Diese Art sieht dem Heimchen sehr ähnlich, der einzige Unterschied sind lediglich die kurzen Flügel der Männchen und das völlige Fehlen der Flügel beim Weibchen. Die Entwicklung der Kurzflügelgrille verläuft etwas langsamer, dafür ist die Reproduktionsrate deutlich größer. Etwas höhere Temperaturen werden sehr gut vertragen und steigern das Wohlbefinden der Tiere! Vermehrung und Zucht sonst wie beim Heimchen. Der Vorteil diesem gegenüber liegt deutlich auf der Hand: Die Männchen zirpen leiser, sodass Sie und Ihre Nachbarn weniger gestört werden.

Steppengrille oder Bananengrille – *Gryllus assimilis*

Die Art erreicht 3–3,5 cm Körperlänge und zeigt eine dunkelbraune Färbung. Zucht und Haltungsbedingungen ähnlich wie beim Heimchen. Entwicklungsdauer etwas länger, dafür erhalten Sie ein sehr stattliches, stark fleischhaltiges Tier. Der „Mastbulle" unter den Grillen. Die Lautstärke der zirpenden Männchen hält sich im vertretbaren Rahmen.

Zweifleckgrille – *Gryllus bimaculatus*

Die Zweifleckgrille ist eine in der Terraristik recht beliebte Grille. Sie ist fast komplett schwarz gefärbt, voll geflügelt, und an den Flügelansätzen befinden sich zwei weiße bis gelbe Flecken. Die Männchen haben die unangenehme Eigenart, lang andauernd und recht laut zu singen, sodass sich diese Art nur für eine Haltung im Keller oder in separaten Räumlichkeiten empfiehlt. Die Zucht entspricht der des Heimchens und gelingt sehr leicht.

Asiatische Riesengrille – *Brachytrupes portentosus*

Diese Tiere können mit 4–7 cm Körperlänge recht stattlich sein und liefern somit sehr viel Fleisch. Leider ist die Art noch nicht auf dem europäischen Markt. Dennoch braucht man nicht auf dieses Insekt verzichten – vorausgesetzt, man hat freundliche Bekannte oder Verwandte in Asien, die einem die Tiere zuschicken...

Mehlwurm – Tenebrio molitor

Mehlwürmer sind die Larven des Mehlkäfers, eines 1–2 cm großen Schwarzkäfers, der denn auch dunkelbraun bis schwarz gefärbt ist. Zu seinem Lebenszyklus gehört eine vollkommene Metamorphose, d. h., es findet eine Entwicklung von einem Ei über eine Larve und eine Puppe als Ruhestadium bis hin zum fertigen Käfer statt. Für uns von Interesse sind in erster Linie die Larven, sprich die Mehlwürmer. Diese werden in vielen der Gerichte verwendet und sind sehr leicht zu erhalten. Aber auch die sehr weichen Puppen und die frisch geschlüpften, noch weißen Käfer können gegessen werden.

Für eine erfolgreiche Zucht benötigen Sie einen mit Metallgaze verschlossenen Behälter – eine große Plastikbox oder Ähnliches –, der zu zwei Dritteln mit einer Mischung aus Haferflocken und Weizenkleie gefüllt wird. Dort hinein kommt nun eine Portion Mehlwürmer, 40 Würmchen müssten reichen. Nun stellen Sie den Behälter an einen warmen, recht dunklen Platz. Die Temperaturen sollten nicht über 25 °C ansteigen.

Sie können gelegentlich ein frisches Salatblatt oder ein Apfelstück in den Behälter legen. Achten Sie jedoch darauf, solches Frischfutter bereits nach einem Tag wieder aus dem Behältnis zu entfernen, da sich sonst unerwünschte Nässe im Behälter bildet, die das Substrat verdirbt. Die Folge wären Schimmelpilze und im schlimmsten Fall eine Milbeninvasion. Die eingesetzten Mehlwürmer verpuppen sich, und vier Wochen später sollten dann bereits die Käfer geschlüpft sein. Diese brauchen ein bis zwei Wochen, bevor sie ihrerseits Eier ablegen. Nach weiteren zwei Wochen sind dann wieder die ersten Larven sichtbar. Diese häuten sich zweimal, bevor sie in die Puppenruhe übergehen.

Die zum Kochen benötigten Larven lassen sich einfach mit einem gröberen Küchensieb aus dem Substrat herausnehmen.

Sie brauchen für die Mehlwürmer nicht allzu viel Platz. Sollten Sie jedoch unter einer Mehlstauballergie oder gar einer Allergie auf Milben leiden, so ist eine Zucht dieser Tiere nicht ratsam.

Südamerikanischer Riesenmehlkäfer – Zophobas morio

Diese Art gleicht den Mehlkäfern, jedoch sind ihre Dimensionen deutlich größer. Der Käfer ist bei dieser Spezies komplett schwarz und misst 2–5 cm. Die Riesenmehlwürmer, also die Larven, können sogar 7 cm erreichen.

Für eine ergiebige Zucht empfiehlt sich als Substrat ein Gemisch aus Sand und Torf bzw. Rindenmulch. Geben Sie den Larven für ihre Fressorgien verrottendes weißliches Eichenholz oder andere Holzarten. Als Nahrung bietet sich weiterhin neben Haferflocken und Salat bzw. Obst auch gelegentlich etwas Hundetrockenfutter an. Die Larven sind untereinander recht aggressiv. Es muss also ständig ausreichend Futter angeboten werden, da sich der Bestand sonst selbst dezimiert und Sie weniger ernten können. Generell ähneln Pflege und Entwicklung der von Mehlwürmern.

Juni- und Wasserkäfer

Die weiteren Käferarten, wie *Holotrichia* spp., die Junikäfer, werden zurzeit in Europa nicht gezüchtet, daher bleibt hier nur ein Ausweichen auf andere Arten oder gar der Import der Tiere als Alternative, möchte man auf diese Köstlichkeiten nicht verzichten. Das Gleiche gilt für die Wasserkäfer, die mit unseren Schwimmkäfern verwandt sind.

Wachsmotte – Galleria melonella

Diese Motte war früher hauptsächlich den Imkern als Schädling bekannt, da sich die Raupen an Bienenwaben zu schaffen machten. In der heutigen Zeit werden diese Tiere in kommerziellen Farmen gezüchtet, da sie für Terrarientiere ein sehr proteinhaltiges und nahrhaftes Futter darstellen.

Für die Zucht benötigen Sie ein leeres 2-l-Gurkenglas, die Öffnung ist mit V2A-Gaze bespannt. Für das Substrat können Sie alte, ausgediente Bienenwaben nutzen oder auf künstliche Ersatzmixturen zurückgreifen. Teilweise sind die Substrate recht kompliziert und aufwändig in der Herstellung, daher empfehlen wir den Kauf von fertigen Futtermischungen. Bestellt werden können diese entweder bei Ihrem Zoofachhändler oder aber direkt bei den verschiedenen Züchtern. Geimpft wird das Glas mit einigen wenigen Motten. Diese sind ca. 1–1,5 cm groß und grau. Sie legen die Eier in das Substrat, und nach wenigen Tagen können Sie bereits die ersten kleinen Larven erkennen. Für Sie interessant sind die Raupen des letzten Stadiums, kurz bevor sich die Tiere in ein Gespinst einweben. Es ist etwas mühselig, diese aus dem Substrat zu holen, aber dafür werden Sie mit einem hervorragenden Geschmack belohnt.

Seidenspinner – Bombyx mori

Diese Schmetterlingsart lässt sich mit etwas technischem Aufwand recht gut züchten und war früher auch in verschiedenen europäischen Insektenfarmen gängig. Sie benötigen für eine dauerhafte Zucht der Tiere allerdings ständig Zweige des Maulbeerbaumes, da die Raupen nur diese Pflanze als Nahrungsquelle akzeptieren. Ist die Nahrungsgrundlage gesichert, so dürfte die Zucht in geräumigen und gut belüfteten Nylonkäfigen sicher kein Problem darstellen. Verwendung finden bei dieser Art übrigens die Larven sowie die Puppen, die bei der Seidengewinnung ohnehin in heißem Wasser abgetötet werden.

Riesenwasserwanzen – Lethocerus spp.

Diese Wasserwanzen können bis zu 12 cm groß werden. Es sind räuberisch lebende Insekten, die Jagd auf kleinere Wassertiere machen. Eine Vermehrung dieser Wanzen ist noch nicht gelungen, da zu wenig über die natürlichen Lebensbedingungen bekannt ist. Wer dennoch nicht auf diese Tiere verzichten möchte, dem sei ein Besuch auf verschiedenen Terrarienbörsen angeraten, denn dort werden von Zeit zu Zeit einige Vertreter dieser Gattung angeboten. Bald wird es aber vielleicht auch den Terrarianern gelingen, die Tiere dauerhaft zu halten und zu vermehren. Am häufigsten landet die Art *Lethocerus indicus* im Kochtopf.

Zikaden

Innerhalb dieser Ordnung werden hauptsächlich die so genannten Singzikaden verspeist. Eine Zucht scheint ohne größeren technischen Aufwand unmöglich, da die Entwicklung zu langwierig ist. Jedoch gibt es in Südeuropa Landstriche, in denen wir genügend dieser Tiere finden können. Es sollten lediglich die dortigen gesetzlichen Vorschriften beachtet werden, wie Natur- und Artenschutzgesetz.

Skorpione – Heterometrus spp. & Lychas spp.

Aus beiden Gattungen werden in Asien und auch in unserem Kochbuch Arten verwendet. Diese Skorpione sind mindergiftig, dennoch ist beim Umgang mit ihnen größte Vorsicht geboten. Übrigens: Skorpione sind keine Insekten, sondern Spinnentiere – was ihrem Wohlgeschmack aber keinen Abbruch tut.

Heterometrus spp.

Die asiatischen Riesenskorpione können bis zu 20 cm groß werden, sind meist dunkeloliv bis schwarz gefärbt und haben sehr kräftige Pedipalpen („Scherenhände"). Man benötigt ein geräumiges Terrarium, das mit einem Torf-Erde-Gemisch als

Bodensubstrat ausgestattet ist. Versteckmöglichkeiten sollten in ausreichender Menge vorhanden sein. Gefüttert wird mit kleineren Gliedertieren. Eine flache Wasserschale darf ebenfalls nicht fehlen. Da die Tiere unter Umständen zum Kannibalismus neigen, sollte regelmäßig gefüttert werden. Ihre Jungen kommen lebend zur Welt und bleiben die ersten zwei Wochen auf dem Rücken der Mutter sitzen, um von ihrer Nahrung zu fressen. Bis die Tiere auf ein schlachtreifes Stadium herangewachsen sind, vergehen sechs bis zwölf Monate, was den hohen Preis dieser Spezialität sicherlich rechtfertigt.

Lychas spp.

Diese kleinen, bis 3 cm messenden Skorpione sind hellbraun gefärbt und zeigen diverse kleine schwärzliche Zeichnungsmuster, die über den Körper verteilt sind. Ihre Scherenhände sind schlank, lang und dünn, was auf eine höhere toxische Potenz hinweist. Ihre Reproduktionsrate ist recht hoch, und die Tiere wachsen innerhalb eines dreiviertel Jahres zu geschlechtsreifen Exemplaren heran. Die Adulti können alle zwei Monate Junge zur Welt bringen. Daher werden diese Skorpione recht gern für Massenzuchten in Farmen genutzt. Jedoch braucht auch hier die Zucht eine Vorlaufzeit von mindestens einem Jahr, bevor aus ihr geerntet werden kann. Der Zuchtbehälter sollte ähnlich eingerichtet werden wie bei der vorhergehenden Gattung.

Hundertfüßler – Scolopendromorpha

Die tropischen Skolopender, die ebenfalls nicht zu den Insekten zählen, sind meist recht große (15–30 cm) und kräftig gebaute Gliedertiere mit einem Beinpaar pro Körpersegment. Es handelt sich um Räuber, die zum Überwältigen ihrer Opfer die kräftigen Giftklauen der Mundwerkzeuge einsetzen. Gezüchtet werden die Tiere eher zufällig, jedoch gelangen sie sehr häufig nach Europa, sodass man ohne Schwierigkeiten an sie herankommen kann.

Ameisen – Oecophylla smaragdina

Die hier verwendete Art ist in Südostasien weit verbreitet. Es handelt sich um die Weberameise, die meist in Mangobäumen lebt, aber auch in andere Baumarten übergeht. Für das Nest werden mehrere Blätter des Baumes durch klebrige Fäden zusammengebracht und verwebt. Dadurch können bis zu fußballgroße Gebilde entstehen. Die Ameisen sind sehr wehrhaft, und ihr Biss schmerzt im ersten Moment recht empfindlich. Versucht man, an ein Nest zu gelangen, oder berührt man den Baum zu heftig, strömen sofort alle Ameisen aus dem Nest, um den Angreifer in die Flucht zu schlagen. Zum

Kochen werden neben den Arbeiterinnen auch die Puppen und Königinnen für verschiedenste Gerichte verwendet.

Um an diese Tiere heranzukommen, muss man nach Asien fahren, wo man sie unter günstigen Umständen auch auf den Märkten besorgen kann. Eine andere Alternative sind einige Anbieter im Internet. Sie sehen schon, das kann ein teures Gericht werden, aber der Geschmack wird Sie auch hier begeistern und entlohnen.

Termiten – Termes spp.

In einigen Teilen Asiens werden auch Termiten für die eine oder andere Speise genutzt. Leider lassen sich nur wenige Institute in Europa auf eine Zucht dieser schmackhaften Arten ein, sodass auf längere Sicht an geeignetes Material nicht heranzukommen sein wird. In Asien werden die Tiere zur Flugzeit, wenn die Königinnen auf Hochzeitsflug gehen, abgesammelt, wenn sie sich beispielsweise zu Hunderten an Lichtquellen einfinden.

Bienen und Wespen

Diese Insekten werden sehr vereinzelt angeboten. Allerdings ist es kein Problem, an Material heranzukommen, denn Imker werden sicherlich Larven von Honigbienen verkaufen, wenn man sie darum bittet. Außerdem sind sie in Angel-Fachgeschäften zu erhalten. Die geflügelten Vollinsekten dagegen werden nicht gegessen.

WEITERE ZUTATEN

Neben den herkömmlichen Zutaten wie Salz und Pfeffer und Beilagen wie Nudeln und Reis verwenden wir auch noch manch anderes. Eine kleine Auswahl soll im Folgenden einen Überblick verschaffen. Die meisten Zutaten sind über einschlägige Geschäfte zu erhalten oder zumindest zu bestellen.

Bambussprossen

Bambussprossen gelten als eine der besten Gemüsesorten Asiens. Haben Sie frische Sprossen erworben, so sollten Sie diese nach dem Schälen und Zerschneiden für etwa 30 min kochen. Am Ende muss der Bambus sehr zart sein.

Verwenden Sie Bambussprossen aus der Dose, so empfiehlt es sich, das Wasser abzugießen und den Bambus mit frischem Wasser für 5–10 Minuten zu kochen. Dadurch wird der Metallgeschmack aus den Sprossen gewaschen. Ähnliches gilt für Bambus aus Folienbeuteln.

Basilikum

Der in der asiatischen Küche am häufigsten genutzte Basilikum heißt *Horapa*. Er ist dem europäischen im Geschmack recht ähnlich. Jedoch spielt er beim Zubereiten von Insekten eine eher untergeordnete Rolle. Dagegen wird zu diesem Zweck der so genannte „Heilige Basilikum", besser unter den Namen *Krapow* bekannt, häufiger verwendet. Zur Ergänzung sei erwähnt, dass es noch den „Zitronenbasilikum" gibt, den *Manglak*-Basilikum, ein eher blasses und nach Zitrone riechendes Kraut.

Bohnensprossen

Die wohl bekannteste Zutat in asiatischen Gerichten sind die grünen Mungobohnenkeimlinge. Diese mittlerweile überall erhältlichen Sprossen werden im Kühlschrank in einem Wasserbad gelagert, das täglich zu wechseln ist. So sind die Keime mehrere Tage haltbar. Serviert werden sie meist kurz angebraten zu vielen Gerichten, aber auch in Suppen verwendet man sie recht häufig.

Chili

Es gibt zahlreiche Chili-Varianten. Neben grünen, oft fingerlangen unreifen Schoten findet man rote, meist reife, und gelbe Chili. Die gelben Sorten sind nur mäßig scharf. Die roten Schoten werden meist getrocknet und zu Flocken oder Pulver verarbeitet. Genutzt wird Chili als sehr scharfes Würzmittel.

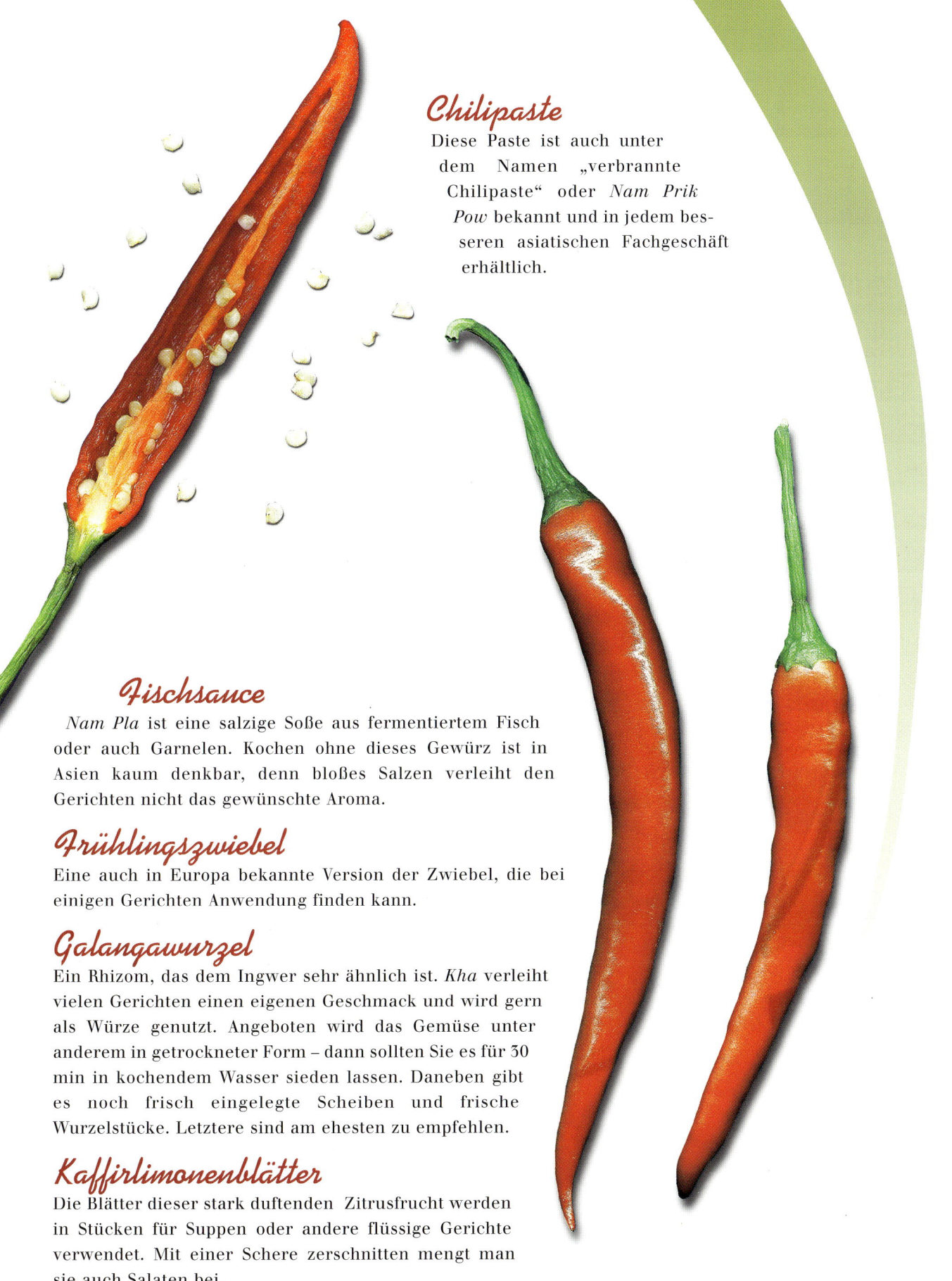

Chilipaste

Diese Paste ist auch unter dem Namen „verbrannte Chilipaste" oder *Nam Prik Pow* bekannt und in jedem besseren asiatischen Fachgeschäft erhältlich.

Fischsauce

Nam Pla ist eine salzige Soße aus fermentiertem Fisch oder auch Garnelen. Kochen ohne dieses Gewürz ist in Asien kaum denkbar, denn bloßes Salzen verleiht den Gerichten nicht das gewünschte Aroma.

Frühlingszwiebel

Eine auch in Europa bekannte Version der Zwiebel, die bei einigen Gerichten Anwendung finden kann.

Galangawurzel

Ein Rhizom, das dem Ingwer sehr ähnlich ist. *Kha* verleiht vielen Gerichten einen eigenen Geschmack und wird gern als Würze genutzt. Angeboten wird das Gemüse unter anderem in getrockneter Form – dann sollten Sie es für 30 min in kochendem Wasser sieden lassen. Daneben gibt es noch frisch eingelegte Scheiben und frische Wurzelstücke. Letztere sind am ehesten zu empfehlen.

Kaffirlimonenblätter

Die Blätter dieser stark duftenden Zitrusfrucht werden in Stücken für Suppen oder andere flüssige Gerichte verwendet. Mit einer Schere zerschnitten mengt man sie auch Salaten bei.

Knoblauch

Die Mengenangaben für die Knoblauchzehen in diesem Buch beziehen sich auf thailändischen Knoblauch, bei dem die Zehen viel kleiner sind als bei dem uns bekannten. Um die Gerichte nicht mit Knoblauchgeschmack zu überladen, empfiehlt es sich daher, auch wirklich den asiatischen Knoblauch zu verwenden. Wollen Sie dennoch den gewöhnlichen nutzen, so sollten Sie die bei den Rezepten angegebene Menge etwas reduzieren.

Kokosmilch und Kokoscreme

Da diese beiden Produkte aus der Kokosnuss beispielsweise in größeren Supermärkten erhältlich sind, verzichten wir aus Platzgründen auf eine ausführliche Anleitung zur Herstellung der Creme bzw. Milch. Verdünnen Sie lediglich die Kokoscreme etwas, wie es meist auf den Dosen beschrieben ist.

Koriander

Es gibt kaum asiatische Gerichte, in denen nicht wenigstens ein Teil dieses Krautes enthalten ist. Verwendet wird fast alles, ob die Wurzel, die zerstampft wird und mit Knoblauch und Pfeffer ein Grundgewürz darstellt, oder aber die Blätter und Stängel, die frisch zum Garnieren in die Gerichte gegeben werden. Ja, selbst die Samen nutzt man als Gewürz. Koriander sollten Sie nach Möglichkeit nur frisch einsetzen, da getrockneter Koriander seinen typischen Eigengeschmack verliert.

Krachai

Krachai ist ein goldgelbliches Rhizom, das einer Hand mit vielen Fingern sehr ähnlich sieht. Vom Geschmack her als mildes Gewürzkraut einzustufen, das sehr knackig ist.

Minze
Verwendet wird Minze für verschiedene Salate. Es handelt sich dabei um die gleiche Minze wie bei uns.

Palmzucker
Es handelt sich dabei um einen Zucker, der aus dem Saft der Kokospalme oder der Zuckerpalme hergestellt wird. Er ist weniger süß als Rohrzucker.
Sollten Sie keinen Palmzucker zur Hand haben, so können Sie alternativ auch braunen Zucker oder weißen Rohrzucker, mit Ahornsirup versetzt, nutzen.

Pandanusblatt
Das Blatt der Pandanuspalme. Es wird hauptsächlich bei der Zubereitung von Insektensnacks genutzt. Man isst es zwar nicht mit, aber es verleiht den Insekten ein sehr angenehmes Aroma und besseren Geschmack. Pandanusblätter sind in jedem gut sortierten Asia-Shop erhältlich.

Schalotten
Schalotten dienen in erster Linie als Zwiebelersatz. Durch ihre milde Süße – neben dem typischen Zwiebelcharakter – und die Farbe (kleine rosafarbige Zwiebeln) eignen sie sich nicht nur als Gewürz, sondern auch zum Garnieren.

Sojasauce
Es gibt eine helle, meist salzigere, und eine dunkle Sorte. Die dunkle, oder besser, schwarze Soße gibt vielen Gerichten eine typische Färbung.

Tamarinde
Tamarinde ist eine Hülsenfrucht mit einem sehr schmackhaften, leicht säuerlichen Fruchtfleisch, das getrocknet angeboten wird. Meist weicht man es in Wasser ein und siebt es später durch. Der dadurch entstandene Tamarindensaft riecht angenehm, und er ist es auch, der die häufigste Verwendung findet.

Zitronengras
Es handelt sich hier um eine Grasart mit typischem Zitronenduft. Es wächst in Buschform. Verwenden sollte man nur die unteren 10–15 cm.

DER UMGANG MIT DEN ZUTATEN

Das Insektenfleisch ist etwas Besonderes. Sie können es nicht bereits in kleinen Portionen aus der Fleischtheke mitnehmen, denn der Schlachter hat es noch nicht abgetötet, wenn sie es kaufen oder selbst gezüchtet haben. Bei den Insekten sind Sie der Fleischer und der Metzger in einer Person. Sie müssen die Tiere „waidgerecht" abtöten und Exemplare einiger Arten auch ausnehmen. Geben Sie die Tiere in einen Gefrierbeutel, den Sie dann in die Tiefkühltruhe legen, um sie Schockfrost auszusetzen. Für die Insekten ist das der beste und sicherlich auch schmerzfreiste Weg. Im Gefrierfach verlieren die Tiere jedoch schnell an Geschmack. Generell sollten Sie Insekten daher so schnell wie möglich zubereiten, also kurz nach dem Abtöten. Oft werden die Tiere vor dem Einfrieren auch in warmem Wasser geschwenkt, wobei sie nicht nur gewaschen werden, sondern auch Verdauungsenzyme etc. abgeben und dadurch „entgiftet" werden. Vereinzelt konnten wir beobachten, dass man die Tiere einfach direkt in heißes Öl wirft; sicherlich auch eine funktionale Methode, aber die Tiere sind dann nicht gereinigt.

Sind die Tiere abgetötet, sollte man sie auf jeden Fall waschen. Exkrementenreste, Erbrochenes und andere Körperflüssigkeiten werden dabei entfernt. Andere Autoren vertreten dagegen die Meinung, dass man Insekten ungewaschen verwenden sollte, da Pheromone und körpereigene Flüssigkeiten den Tieren ihren typischen Geschmack verliehen. Dieser werde beim Waschen zerstört (RAMOS-ELORDUY 1998). In Thailand werden die Tiere jedoch überwiegend gewaschen, und wir wollen dieser Tradition folgen. Nach dem Waschen geben Sie die Tiere zum Abtropfen in ein Nudelsieb. Die folgenden Schritte sind von Fleisch zu Fleisch unterschiedlich.

Bei Grillen und Heuschrecken empfiehlt es sich, die Flügel zu entfernen. Diese bestehen aus reinem Chitin und sind eher zäh und ledrig. Man kann sie aber auch essen – es sind dann lediglich mehr Ballaststoffe, die man aufnimmt. Vom Körper verwertet werden diese Teile ansonsten jedoch nicht. Ähnliches gilt auch für die Flügel der Käfer und Wasserwanzen, die man aber erst nach der Zubereitung entfernt.

Heuschrecken besitzen an ihren Sprungbeinen eine Schiene mit sehr stark bedornten Leisten. Diese Unterschenkel, die Tibien, sollten auf jeden Fall entfernt werden. Beim Verzehr dieser Teile ist es schon häufig zu Erstickungsanfällen gekommen, weil sich die kleinen Haken im Rachenraum festgesetzt hatten. Man könnte auch sagen, es handelt sich um den letzten Racheakt der Heuschrecke, denn schließlich dienen die Dornen als Verteidigungsmechanismus.

Sind Sie in der glücklichen Lage, Riesengrillen für Ihr Essen bekommen zu haben, so sollten Sie diese eventuell noch ausnehmen. Dazu entfernen Sie auch hier zunächst Flügel und Sprungbeinschienen. Anschließend knicken Sie den

Kopf in Richtung Brust ab: In der entstehenden Öffnung sieht man dann den Schlund, den Sie ergreifen und vorsichtig herausziehen. Mit einem leichten Ruck trennen Sie den Magenbereich vom Darm. Der Darm wird auf ähnliche Art herausgeholt: Ergreifen Sie die letzten Hinterleibssegmente und ziehen Sie kräftig daran. Der Hinterleib trennt sich ab, und der Darm wird mit aus dem Körper gezogen.

Die Pflanzen fressenden Arten unter den essbaren Insekten sollten nach Möglichkeit mindestens 12–24 Stunden vor dem Verzehr keine Nahrung mehr zu sich genommen haben, wenn man sie selbst gesammelt oder gekauft hat: Einige Pflanzen besitzen Bitterstoffe, die erst im Magen der Heuschrecken und Grillen abgebaut werden müssen. Stammen sie dagegen aus der eigenen Zucht, so kann man sie durch gezielte Gaben von „leckerem" Futter vor dem Verzehr sogar aufwerten und im Geschmack verfeinern.

Bei den Skorpionen werden nach dem Abtöten vorsichtig (!) die Giftblasen vom „Schwanz", dem Postabdomen, entfernt.

HÄNDE WEG VON DER NATUR!

Bei all unseren Gerichten, die wir gekocht und verkostet haben, benötigten wir eine Menge an zahlreichen Insektenarten. Die Zucht einzelner Spezies ist nicht immer ganz leicht und der Aufwand manchmal recht hoch – doch dieser Aufwand lohnt sich!

Insekten gibt es nicht nur in den eigenen Hobby- bzw. professionellen Farmzuchten, die meisten finden sich natürlich draußen auf der „grünen Wiese". Aber wie schon angesprochen: Auch bei Insekten gilt, man sollte nur essen, was man kennt. Die meisten Insektenarten verfügen über ein ausgesprochen gut ausgestattetes „Waffenarsenal". Es gibt Arten wie den Bombardierkäfer, der sich mit explosiven Chemikalien verteidigt, oder die Schaumschrecke, die ein übel riechendes Sekret absondert. Manche haben regelrechte Biogase entwickelt, mit denen der Fressfeind eingenebelt wird. Zu sehen, eher zu riechen, ist das bei einigen Stabschrecken wie *Sipyloidea sipylus*. Daneben existieren noch die Kommunikationsstoffe, Pheromone, mit denen sich Individuen einer Art untereinander verständigen. Da werden Liebesbotschaften versendet, es wird vor Gefahren gewarnt oder auch zum Essen eingeladen. All die genannten Stoffe können unter Umständen für unseren Körper schädlich sein. Verhalten Sie sich beim Essen von Insekten wie beim Verzehr von Pilzen, verwenden Sie nur die garantiert essbaren Arten! Probieren Sie erst gar nicht das verlockende Angebot eines vermeintlich gedeckten Tisches aus der Natur. Neben den von den Insekten selbst erzeugten Stoffen bringen wir selbst auch noch eine weitere Belastung ins Spiel: Es handelt sich um den Einsatz von Insektiziden und anderen Pestiziden in der Land- und Forstwirtschaft. Die hier verwendeten Toxine können sich in den mittlerweile resistenten Arten anreichern. Ein Verzehr hätte die Folge, dass die Schadstoffe auf uns übergehen würden.

Nicht zu vergessen sind selbstredend die Natur- und Artenschutzgesetze. Um ein sinnloses oder gar illegales Absammeln zu vermeiden, empfehlen wir an dieser Stelle die Nutzung von Frischfleisch aus sauberen Zuchten.

DER INSEKTENVERZEHR WELTWEIT

Wie eingangs schon erwähnt, dienten und dienen Insekten dem Menschen zwar nicht unbedingt als Grundnahrungsmittel, jedoch als eine perfekte Ergänzung, sich mit zahlreichen lebenswichtigen Mineralstoffen und Proteinen zu versorgen. Derzeit sind 1417 Insektenarten bekannt, die weltweit in 113 verschiedenen Ländern gegessen werden. Allein in Afrika verspeist man in 36 Staaten regelmäßig 527 verschiedene Insektenarten. In Amerika liegt die Zahl der genutzten Arten mit 573 sogar noch höher, verteilt auf 23 Länder. Asien wird mit 29 Ländern und 249 Arten angegeben. In der Australischen Region gibt es 14 Länder, in denen insgesamt Exemplare von 86 Insektenarten verzehrt werden. Nicht vergessen wollen wir den europäischen Kontinent, auf dem man in elf Ländern immerhin 27 Insektenarten regelmäßig konsumiert (Ramos-Elorduy 1998).

DIE GERICHTE

Im Folgenden werden Ihnen einige Gerichte vorgestellt, die regelmäßig in Thailand in den verschiedenen Küchen zubereitet werden. Wir haben bei der Auswahl bewusst auf Rezepte aus dem mexikanischen und amerikanischen Raum verzichtet. Bei Interesse finden Sie Hinweise hierzu im Literaturverzeichnis.

Viele der hier angebotenen Rezepte lassen sich während einer Party im Freundeskreis perfekt als kleiner willkommener Snack anbieten. Andere sind als Hauptgerichte anzusehen, die ebenfalls als Überraschung dienen können.
Sollten einige der hier verwendeten Insektenarten nicht verfügbar sein, so können diese durch ähnliche ergänzt oder ausgetauscht werden.

SUPPEN

TOM YAM MENG GRA CHOON „GRYLLOTALPA IN DER SUPPE"

Für 2–4 Personen

Zutaten:

3 Tassen Wasser oder Hühnerbrühe
3 Stängel Zitronengras
100 g Maulwurfsgrillen
5 cm Galangawurzel (Kha)
3 Kaffirlimonenblätter (Ma-Gruud)
5 rote und grüne Chilischoten
1/2 EL Fischsauce oder Salz (je nach eigenem Geschmack)
4 EL Limonensaft oder 100 g Tamarindenblätter mit 2 EL Limonensaft
1 Stängel Koriander
nach Belieben 150 g Champignons

Vorbereitung:

Das Zitronengras in 4–5 cm lange Stücke schneiden, die Galangawurzel in kleine Scheiben zerteilen und den Koriander ebenfalls zerkleinern. Die Maulwurfsgrillen werden schockgefrostet.

Zubereitung:

Wasser oder Brühe zum Kochen bringen. Anschließend das zuvor geschnittene Zitronengras und die Galangawurzel sowie die Kaffirlimonenblätter in das Wasser geben. Kurz aufkochen lassen und die Maulwurfsgrillen hinzugeben. Das Ganze bei nicht zu hoher Temperatur ca. 3–4 min sieden lassen. Dann Chilis, Limonensaft oder eben die frischen Tamarindenblätter mit der Fischsauce zusammen in die Suppe geben. Nach Belieben mit Limone und Fischsauce weiter abschmecken. Es sollte eine würzig-saure Suppe werden, die ein wenig salzig schmecken darf. Beim Servieren gibt man den frischen Koriander in die Suppe.

Anmerkung:

Statt der in Thailand verwendeten Maulwurfsgrillen können auch ersatzweise Heimchen oder Mittelmeergrillen genommen werden. Die Grillen sollte man nicht zu lange kochen, da sie sonst an Konsistenz und Geschmack verlieren.

Die Champignons können kurz nach den Maulwurfsgrillen in die Suppe gegeben werden. Sie gelten als Bereicherung für die Suppe, in Thailand werden sie jedoch in der ländlichen Umgebung eher selten verwendet. Die Pilze sollten bissfest sein, das fördert den Geschmack.

TOM KHA ROD DUAN PRATET AMERICA
„ZOPHOBAS IN KOKOSMILCH"

Für 2–4 Personen

Zutaten:

1 Tasse Wasser	
2 Stängel Zitronengras	
200 g *Zophobas* – Südamerikanische Riesenmehlwürmer	
100 g frische Champignons	
1 Stück Kha (Galangawurzel)	
4 EL Limonensaft oder 1/2 Tasse frisch gepresster Zitronensaft	
3 EL Fischsauce	
1 TL Salz	
1/2 TL Zucker	
4 Tassen Kokosmilch	
6 kleine rote Chilis, zerdrückt	
2 zerstampfte Schalotten	
3 Kaffirlimonenblätter, in kleine Stücke zerschnitten	
1 Tomate	
Koriander	

Vorbereitung:

Zitronengras schneiden, Galangawurzel in Scheiben schneiden. Kaffirlimonenblätter zerkleinern. Die Chilischoten in einem Mörser zerstampfen. Im Anschluss die geschälten Schalotten ebenfalls zerdrücken. Die aufgetauten Mehlwürmer wässern und abtropfen lassen.

Zubereitung:

Eine Tasse Wasser zum Kochen bringen. Anschließend werden die zuvor geschälten Schalotten, die zerschnittene Galangawurzel und die Zitronengras- und Kaffirlimonenblätter-Stücke gekocht. In diesen Sud gibt man die Riesenmehlwürmer und köchelt sie bei geringer Temperatur 3–7 min. Nun wird die Kokosmilch dem Sud beigefügt und kurz aufgekocht. Das Ganze mit Salz, Fischsauce, Zitronensaft und Zucker würzen. Dann die Chilischoten in die Suppe, und kurz vor dem Servieren auch die Tomate, die man zuvor gewaschen und geviertelt hat. Noch einmal kurz aufkochen. Um eine gute Würze zu bekommen, wird nun der Koriander in kleine Stückchen geschnitten und in die Suppe eingerührt. Anschließend servieren.

Anmerkung:

Die Zophobas sollten vor ihrer Verarbeitung in lauwarmem Wasser gewaschen und dann abgetötet werden. Wie oben schon angedeutet, erbrechen im Wasser viele der Larven und geben etwas Magensäfte ab, die teilweise unangenehm schmecken und riechen können. Um diese Substanzen nicht mitzuessen, sollten sie das Wässern nicht versäumen.

Kochen Sie die Suppe nicht zu lange, sonst kann es unter Umständen dazu kommen, dass die Kokosmilch anbrennt.

TOM YAM KAI MOT DAENG
„AMEISENPUPPENSUPPE"

Für 2 Personen

Zutaten:

- 2 Tassen Wasser oder Hühnerbrühe
- 2 Stängel Zitronengras
- 100 g Ameisenpuppen, gemischt mit einigen Ameisenköniginnen
- 4 cm lange Galangawurzel (Kha)
- 2 Kaffirlimonenblätter (Ma-Gruud)
- 1/2 EL Fischsauce oder Salz (nach eigenem Geschmack)
- 4 EL Limonensaft
- 1 Stängel Koriander, zerhackt

Vorbereitung:

Die Ameisenpuppen werden auf den asiatischen Märkten stets frisch und gefrostet angeboten, sodass Sie die Tiere nur noch gut wässern müssen. Die Galangawurzel wird in kleine Scheiben zerteilt. Das Zitronengras in 4–5 cm lange Stücke zerschneiden, den Koriander zerhacken.

Zubereitung:

Das Wasser oder die Brühe wird zum Kochen gebracht. Dann geben Sie das zuvor geschnittene Zitronengras und die Galangawurzel sowie die Kaffirlimonenblätter hinein. Alles kurz aufkochen lassen und die Ameisenpuppen hinzugeben, bei nicht zu hoher Temperatur ca. 10 min köcheln lassen. Anschließend Limonensaft und Fischsauce in die Suppe geben. Nach Belieben abschmecken und mit Limonensaft und Fischsauce weiter verfeinern. Es sollte eine säuerliche Suppe sein, die ein wenig salzig schmecken darf. Beim Servieren wird der frische Koriander mit in die Suppe gegeben.

GAENG SÓM PAK GAH CHEHT SAI GINGRIT – „GRILLENSUPPE"

Für 2–3 Personen

Zutaten:

1 TL rote Chilipaste
1 TL Shrimppaste
Tunfisch aus der Dose, eingelegt in Öl
2 Krachaiwurzeln (Verwandte des Ingwers)
1 kleine rote Peperoni
200 g Krah Cheet, eine Wasserpflanze, erhältlich im asiatischen Lebensmittelhandel
1 TL Zucker
1 Prise Glutamat
1 EL Fischsauce
1 TL Tamarinde
1 Tasse voll Grillen

Vorbereitung:

Die Krachaiwurzeln werden gewaschen und im Mörser leicht zerstampft. Geben Sie Chilipaste, Shrimppaste und außerdem 1 EL Tunfischfleisch hinzu. Zerstampfen Sie das Gemisch nochmals kräftig.
Das Wassergemüse waschen und in gleich lange Teile zerschneiden.
In einer kleinen Schale wird derweil der Teelöffel Tamarinde mit warmem Wasser versetzt und gut umgerührt, sodass ein Tamarindensud entsteht.
Die Peperoni waschen und zerschneiden.

Zubereitung:

Die Grillen werden für 10 min auf kleiner Flamme gekocht. Das Wasser anschließend abgießen. Geben Sie 2 Tassen frisches Wasser in den Topf und bringen Sie die Grillen erneut zum Kochen. Jetzt den zerstampften Brei in das heiße Wasser mit den Grillen geben, gut umrühren und aufkochen lassen. Im Anschluss daran fügt man das Gemüse bei, zusammen mit etwas Glutamat, Fischsauce und dem Tamarindensud. Erneut kurz aufkochen lassen, eine Prise Zucker und die Peperoni mit hinein. Zum Garnieren empfiehlt es sich, noch etwas frischen Koriander auf die Suppe zu streuen.

SALATE

SOOM TAM MAENG DAH
„WASSERWANZEN IM PAPAYASALAT"

Für 2 Personen

Zutaten:

- 2 große Wasserwanzen
- 300 g grüne, unreife Papaya
- 5 Knoblauchzehen
- 7 kleine grüne Chilischoten
- 50 g grüne Bohnen
- 2 EL geröstete Erdnüsse, ungesalzen
- 6 Cocktailtomaten oder 1 Fleischtomate
- 3 EL Limonensaft
- 1 EL gehackter Palmzucker
- 1 EL Fischsauce
- evtl. rote Chilischoten zum Garnieren

Vorbereitung:

Waschen Sie die Wasserwanzen, rösten Sie die Tiere und zerstampfen Sie diese anschließend in kleinere Portionen. Die Papaya wird gewaschen, geschält und in kleine dünne Streifen geraspelt. Die grünen Bohnen nach dem Waschen in 1–2 cm große Stücke schneiden. Tomaten waschen, vierteln oder in Scheiben schneiden.

Zubereitung:

Kleinere Mengen folgender Zutaten geben Sie bitte in einen Mörser: Etwas von der geschnittenen Papaya, Chilis und Knoblauch. Alles kräftig zerstoßen. Wer es etwas schneller und moderner mag, kann auf die Hilfe eines Mixers zurückgreifen. Das so erzielte Gemisch geben Sie in eine Schale und stellen es zur Seite. Nun können Sie die nächste Portion auf gleiche Art und Weise vorbereiten, so sie nicht alles bereits im Mixer vermengt haben. Geben Sie die Masse in eine große Schale und fügen Sie noch Bohnen, Erdnüsse, geröstete Wasserwanzen und Tomaten bei. Die Gewürze dazu geben und alles gut vermischen.

Tipp:

Dieser Salat empfiehlt sich zu einem Gericht mit frischem Gemüse. Kohl und Wasserwinde haben sich als geeignet und beliebt erwiesen. Dazu geben Sie noch frischen Basilikum. Wird eine Hauptspeise statt eines Salates gewünscht, so servieren Sie einfach etwas Klebreis oder Hühnchen dazu. Bereiten Sie den Salat erst kurz vor dem Verzehr zu, dadurch bleibt die Papaya schön bissfest.

YAM MENG RUAM MIT „PIKANTER INSEKTENSALAT"

Für 4 Portionen

Zutaten:

- 100 g Riesenmehlwürmer (*Zophobas*)
- 50 g Grillen
- 30 große Heuschrecken
- 6 TL Soja- oder anderes Pflanzenöl
- 1 1/2 EL Fischsauce
- 1 Knoblauchzehe
- 3 EL Limetten- bzw. Zitronensaft
- 1 Stängel Zitronengras
- 1 Schalotte
- 2 Frühlingszwiebeln
- 1/4 rote Paprika
- 1 kleine Salatgurke
- 1 Stange Sellerie
- 1 rote Chilischote
- 10 g Basilikumblätter
- 10 g Korianderblätter

Vorbereitung:

Die *Zophobas* werden gewässert und abgetropft, bevor sie in das heiße Öl kommen. Flügel von Grillen und Flügel und Unterschenkel von Heuschrecken entfernen und die Tiere ebenfalls waschen. Die Insekten kurz in einer separaten Pfanne mit 4 EL Sojaöl frittieren. Der Knoblauch wird geschält und anschließend zerdrückt. Für den Salat das Zitronengras und die Schalotte in kleine dünne Scheiben schneiden, die Frühlingszwiebel in ca. 5 cm lange Stückchen. Ebenfalls in kleine Scheiben bzw. Ringe zerschnitten werden folgende Zutaten: Sellerie, Chilischote und Salatgurke. Basilikum und Koriander kleinhacken.

Zubereitung:

Geben Sie in eine Schüssel die zuvor frittierten Insekten, dazu noch 2 EL Öl und 1 EL Fischsauce. Alles gut vermischen. Der Rest der Fischsauce kommt in eine andere Schüssel. Gleichzeitig Limettensaft, Knoblauch und Zucker mit unterrühren, bis sich der Zucker aufgelöst hat. Noch die geschnittenen Beigaben wie Zitronengras, Schalotten, Frühlingszwiebeln, Sellerie, Paprika, Gurke und Chili zufügen. Zum Schluss die Schüssel mit den Insekten Koriander und Basilikum untermischen. Das Ganze mit einem Tomatenstückchen oder einer Zitronenscheibe garniert servieren.

YAM MENG IENUN – „JUNIKÄFERSALAT"

Für 1 Portion

Zutaten:

- 100 g Junikäfer, *Holotrichia* spp.
- 3 Schalotten
- 4 frische rote Chili
- 1 Mango, wenn möglich noch unreif (grün und fest) – dadurch ist sie schön sauer
- 2 Stängel Zitronengras
- 1 TL Chilipulver
- 1 Prise Glutamat
- 1 EL Fischsauce

Vorbereitung:

Schalotten schälen und in kleine Scheiben schneiden. Chili ebenfalls in kleine Stücke hacken. Die Mango wird geschält und anschließend in ca. 4 cm große Stücke zerteilt. Das Zitronengras in 4 cm lange Stücke schneiden.

Zubereitung:

Waschen Sie die Käfer und kochen Sie diese dann in Wasser oder dämpfen Sie die Tiere. Nach 10 min sind die Tiere gar. Mit einem Sieb nehmen Sie die Käfer aus dem Wasserbad und lassen sie vorsichtig abtropfen. In der Zwischenzeit geben Sie die Fischsauce in eine Schale, zusammen mit Glutamat, Chilipulver und den geschnittenen Schalotten. Das Ganze kurz durchmischen. Anschließend die Mangostücke, das Zitronengras und die Käfer mit dazu. Zum Schluss noch die geschnittenen Chili unterrühren.

Anmerkung:

Dieses Gericht kann man zwar auch als Hauptmahlzeit für eine Person vorsehen, jedoch eignet es sich ebenso als Salatbeilage für zwei bis drei Personen.

HAUPTSPEISEN
SUSHI-MIX

Für 4 Personen

Zutaten:

2 Tassen Japanischer Klebreis oder Ketan-Reis
1 1/2 Esslöffel Reisessig für Sushi
Etwas Sesam
Getrocknete Seetangblätter
Meerrettichpaste oder auch -pulver zum Anrühren
Dunkle Japanische Sojasauce
2 El eingelegter Ingwer aus der Dose
diverse Insekten und Spinnentiere nach Belieben (z. B. 20 Heuschrecken, 30 *Zophobas*, evtl. einige Skorpione)
Öl

Man benötigt einen Sushi-Roller

Vorbereitung:

Der Reis wird gewaschen und anschließend mit zwei Tassen Wasser gekocht. Der Garpunkt ist erreicht, wenn die Reiskörner bissfest sind und das gesamte Wasser vom Reis aufgenommen wurde. 15–20 min abkühlen lassen. Anschließend den Reisessig einrühren. In der Zwischenzeit röstet man – möglichst ohne Öl oder Fett – etwas Sesam in einer Pfanne.

Nun geben Sie etwas Meerrettichpaste in ein kleines Schälchen – für die Dips. Sollte keine Paste zur Verfügung stehen, kann man auf Pulver zurückgreifen. Dieses wird mit etwas Wasser angerührt, bis eine cremige Konsistenz erreicht ist. Ebenfalls für die Dips kann schon die dunkle Sojasauce in eines der Schälchen gegossen werden. Den eingelegten Ingwer in kleine Stückchen schneiden und in ein weiteres Schälchen geben.

Im Anschluss daran werden die Seetangblätter in die gewünschte Form geschnitten. Wird der Reis komplett umrollt, so sollten die Tangblätter mindestens so groß sein wie der Sushi-Roller selbst. Ansonsten genügen schmale Streifen von 2 cm Breite vollauf.

Zum Garnieren der Reisröllchen werden folgende Zutaten benötigt:
Einige Heuschrecken und Grillen, Mehlwürmer und *Zophobas*, vielleicht auch der eine oder andere Skorpion.

Es gibt drei Möglichkeiten, die Tiere für unseren Sushi-Mix vorzubereiten.
1. Die gewünschten Tiere werden in Salzwasser abgekocht. Dadurch erhalten sie einen sehr nussig-öligen Geschmack. Ideal in der Kombination mit Reis.
2. Die Insekten und Spinnentiere werden in heißem Öl frittiert und anschließend zum Abtropfen in ein kleines Sieb gegeben. Für uns Mitteleuropäer sicherlich die bekömmlichste Art dieser Speise.
3. Nicht unbedingt zu empfehlen, muss sie an dieser Stelle natürlich trotzdem erwähnt werden: Die „echte" Sushi-Methode, bei der die Tiere roh verzehrt werden. Wirklich nur für die Magen- und Nervenstarken unter Ihnen geeignet.

Zubereitung:

Der fertige Reis wird auf den Reis-Roller gegeben und anschließend zu einem Röllchen geformt. Dieses kann dann nach Belieben mit dem gerösteten Sesam bestreut werden. Sie haben nun zwei weitere Möglichkeiten der Darreichung, eben typisch für die Sushi-Rollen: Zum einen wird die Reisrolle in den Seetang eingerollt. Dazu benötigen Sie den zuvor geschnittenen Tang. Dieser wird mit etwas Meerrettichcreme sehr dünn bestrichen, danach die Reisrolle darin einrollen. Mit einem scharfen Messer, das jedes Mal vor dem Schneiden in klares Wasser getaucht wird, schneidet man mundgerechte Portionen. Auf diese Häppchen werden die Insekten nach Belieben gelegt, anschließend auf einem Teller anrichten. Alternativ kann die Reisrolle ohne Tang in kleinere Portionen geschnitten werden. Dann benötigen Sie die kleinen Tangstreifen. Mit ihnen werden die einzelnen Tiere auf den Reisportionen ähnlich wie mit einer Zigarrenbanderole befestigt, bevor das Gericht serviert wird. Etwas frisches Gemüse zum Garnieren lockert das Bild auf und rundet das Sushi ab.

Anmerkung:

Diese Speise wird so in Thailand nicht verwendet, jedoch kann man sie in weiten Teilen der asiatischen Küche vorfinden.

RAD NAH ROD DUAN
„GRÜNKOHL MIT WURM"

Für 2–3 Personen

Zutaten:

300 g Seiden- oder Wachsraupen
4–5 kleine Chinesische Grünkohlpflanzen
3–4 EL Sojaöl oder herkömmliches Speiseöl
1 Knoblauchzehe
1 TL Salz
1/2 TL Zucker
1 TL Fischsauce
1 Tasse Wasser
2 1/2 TL Mehlstärke
Reisessig
Pfeffer
Salzige Bohnensauce (in jedem besseren Asia-Geschäft erhältlich)

Vorbereitung:

Die aufgetauten Seiden- oder Wachsraupen kurz in heißem Wasser abspülen. Der Grünkohl wird in 5–10 cm lange Stückchen geschnitten. Knoblauchzehe mittels eines Mörsers leicht zerdrücken.

Zubereitung:

Das Öl wird in einem Wok oder einer tiefen Pfanne erhitzt. Geben Sie die gewaschenen Raupen vorsichtig in das Öl. Nicht länger als 5 min braten lassen! Zusätzlich noch den zerdrückten Knoblauch hinzufügen. Anschließend kommt auch der Grünkohl hinzu. Leicht anbraten und mit salziger Bohnensauce, Zucker und Fischsauce abschmecken. Geben Sie nun das Wasser mit der Mehlstärke in den Sud und lassen Sie das Ganze nochmals kurz aufkochen, bis eine sämige Konsistenz erreicht ist. Abschließend mit etwas Pfeffer und Essig den Geschmack verfeinern.

Tipp:

Da es in Europa unter Umständen schwierig werden könnte, an Seidenraupen zu gelangen, empfehlen wir als Alternative die Verwendung der Wachsraupen. Diese Schmetterlingsraupen werden kommerziell für den Futtertierhandel gezüchtet und sind durch ihr Zuchtkonzentrat sehr nahrhaft.

KAU PAD MENG IENUN „JUNIKÄFER MIT REIS"

Für 4 Personen

Zutaten:

250 g bissfest gekochter Reis, anschließend wieder abgekühlt
200 g frische Junikäfer (in Thailand werden die Arten der Gattung *Holotrichia* spp. verwendet)
1 Knoblauchzehe
3 Frühlingszwiebeln
1/2 Gemüsezwiebel
2 mittelgroße Tomaten
3 Stängel Koriander, wenn möglich frisch
1 Salatgurke
8 EL Sojaöl, notfalls auch anderes Speiseöl
3 EL Fischsauce
1 TL Zucker
1 EL Tomatenmark
50 ml Chilisauce
1/2 Zitrone

Vorbereitung:

250 g thailändischen Duftreis (Jasminreis) mit 250 ml Wasser in ca. 20 min bissfest kochen. In der Zwischenzeit werden die Gemüsezwiebel und der Knoblauch geschält und zerkleinert. Die Frühlingszwiebeln waschen, halbieren und in 5 cm lange Stücke zerteilen. Auch die Tomate waschen und in Achtel schneiden. Den Koriander ebenfalls waschen, abtropfen lassen und grob hacken. Die Gurke wird geschält, mit einer Gabel an der Seite leicht eingeschlitzt und anschließend in ca. 2 cm dicke Stücke geschnitten.
Die Junikäfer nun in heißem Öl (3 EL) nicht länger als 2 min frittieren. Käfer im Anschluss herausnehmen und abtropfen lassen.

Zubereitung:

Das Öl in der Pfanne erhitzen und den Knoblauch darin goldgelb anbraten. Anschließend werden die Käfer in das Öl gegeben. Gleichzeitig Reis, Fischsauce, Tomatenmark, Zucker, Frühlingszwiebeln und Tomatenstücke mit dazu und bei geringerer Temperatur etwa 2 min lang leicht anbraten. Dabei ständig umrühren.
Anschließend wird das Gericht auf einem Teller angerichtet und mit den Gurkenscheiben und der halben Zitrone garniert. Den Koriander noch über den Reis streuen, und schon ist das Gericht fertig. Nach Belieben mit Zitronensaft beträufeln, sodass der Reis einen etwas säuerlichen Geschmack bekommt.

Tipp:

Damit der Reis nicht verklumpt, sollte dieser komplett abgekühlt sein. Am besten, man nutzt den Reis vom Vortag.

TORD KAI MOT DAENG „AMEISENOMELETT"

Für 2–3 Personen

Zutaten:

200 g Ameisen und Ameisenpuppen
3 Hühnereier
1/2 EL Fischsauce
Etwas Limetten- oder Zitronensaft
Glutamat
Peffer
3 EL Sojaöl

Zubereitung:

Geben Sie die drei Eier in eine größere Schale oder Schüssel und verquirlen sie die Eier kräftig. Fügen Sie einen halben EL Fischsauce und eine Messerspitze Glutamat hinzu. Anschließend noch ein kleiner Spritzer vom Limettensaft, und alles wieder kräftig verrühren. Nun die Ameisen und deren Puppen gründlich unter warmem Wasser waschen. Dann die Tiere in einem Sieb abtropfen lassen und schließlich unter die zerschlagenen Eier mischen.

Nehmen Sie nun einen Wok oder eine tiefe Pfanne und geben Sie dort die 3 EL Sojaöl hinein. Wenn das Öl heiß ist, kommt das Eier-Ameisen-Gemisch dazu. Braten Sie das Omelett beidseitig schön goldbraun, also öfters wenden. Anschließend auf einem Teller anrichten.

Das Ameisenomelett kann mit verschiedenen Dips serviert werden. Beliebt ist ein scharfer Chilidip, aber auch ein würziger Currydip oder ganz normales Tomatenketchup werden gern genommen. Ein Schälchen mit Fischsauce und eines mit Sojasauce runden das Gericht ab.

TORDT MENG DAH
„GEBRATENE WANZE"

Für 3 Personen

Zutaten:

12 Große Wasserwanzen	
4 EL Sojaöl	
dunkle Sojasauce	
weißer Pfeffer	

Zubereitung:

In einem Wok das Öl stark erhitzen und anschließend die Wasserwanzen hinzugeben. Diese werden nun für ca. 5 min frittiert. Anschließend mit einer Schöpfkelle aus dem heißen Öl nehmen und abtropfen lassen. Die noch heißen Wasserwanzen werden nach Belieben mit der dunklen Sojasauce und dem weißen Pfeffer besprüht und bestäubt. Serviert werden die Wanzen schlicht auf einem Teller oder in einer Schale bzw. garniert mit Salatblättchen oder Ähnlichem.

Anmerkung:

Den Wasserwanzen werden erst beim Verzehr die Flügel abgetrennt. Während der Zubereitung verbleiben sie am Tier, anders als bei der Zubereitung der Heuschrecken.
Das Gericht ist eine der beliebtesten Darreichungsformen dieser Wasserwanzenart.
Eine zweite Zubereitungsvariante ist in Nordthailand stark verbreitet. Hierzu benötigen Sie neben den obigen Zutaten zusätzlich noch Eierkuchenmehl. Dieses wird mit Wasser zu einem sämigen Brei geschlagen. Anschließend legt man in Thailand die lebenden oder auch gefrorenen Wanzen hinein, um sie später in einem Wok mit heißem Öl zu frittieren.

KAI CHAOM MENG TSCHAG GASCHAN – „SINGZIKADEN MIT CHAOM-GEMÜSE"

Für 2–3 Personen

Zutaten:

- 100 g Singzikaden
- 100 g Chaom-Gemüse, erhältlich im Asia-Shop
- 1 Messerspitze Glutamat
- 1 TL Fischsauce oder eine Prise Salz
- Pfeffer
- 3 frische Eier
- 2 EL Öl

Vorbereitung:

Die Zikaden gut waschen. Das Chaom-Gemüse, ein typisches und sehr stark riechendes Gemüse aus Asien, wird ebenfalls gewaschen und in 4 cm lange Stückchen gebrochen.

Zubereitung:

Geben Sie die Zikaden in eine heiße Pfanne ohne Öl, sodass sie nur geröstet werden. Die Tiere sind gar, wenn sie beim „Drücktest" knusprig wirken.
Entnehmen Sie die Zikaden der Pfanne und säubern sie diese kurz. Anschließend wird etwas Öl in die Pfanne gegeben und das Chaom-Gemüse kurz angebraten, dann die Zikaden wieder in die Pfanne geben. Verquirlen Sie nun die drei Eier und geben Sie den Inhalt über das Gemüse mit den Zikaden. Würzen Sie schnell noch mit Pfeffer und Salz bzw. Fischsauce und rühren Sie das Ganze kräftig um. Anschließend lassen Sie den Inhalt der Pfanne zu einem Omelett backen.

Tipp:

Servieren Sie das Omelett mit verschiedenen Saucen, wie etwa mit einer Mischung von dunkler Sojasauce und frisch zerstoßenen Korianderblättern. Eine zweite Variante ist ein süß-saurer Dip, der mit Chili und Tamarinde hergestellt wird.

PAD PRIG GENG TAGGATAEN „KNUSPRIG GEBRATENE SCHARFE HEUSCHRECKEN"

Für 2–3 Personen

Zutaten:

50 große Heuschrecken
1 1/2 EL Knoblauch, frisch gehackt
1/3 Tasse Öl
5 rote Chili
2 EL geröstete Chilipaste
2 TL helle Sojasauce
1 große Hand voll Basilikumblätter
1/2 Tasse Hühnerbrühe

Vorbereitung:

Die abgetöteten Heuschrecken werden gewaschen. Anschließend entfernt man die Flügel und schneidet die Schienen der Sprungbeine ab. Die rote Chili wird in Scheiben geschnitten.

Für die Chilipaste benötigen Sie folgende Zutaten:

8 Schalotten, in Scheiben geschnitten
6 Knoblauchzehen, in Scheiben geschnitten
1 Tasse getrocknete Garnelen
2 Tassen Gemüseöl
1/2 Tasse kleine gedörrte Chili
3 EL Fischsauce
1 EL Palmzucker
1 1/2 EL Tamarindensaft
1/3 TL Salz

In einem Wok das Öl erhitzen, Schalotten und Knoblauch goldbraun braten. Anschließend aus dem Öl nehmen und abtropfen lassen. Garnelen und Chili in das Öl geben und ebenfalls goldbraun braten, gleichfalls aus dem Öl nehmen und abtropfen lassen. In einem Mixer oder Mörser werden Garnelen, Schalotten, Knoblauch, Chili und Zucker zerhackt bzw. zerstampft und vermischt. Hinzu gibt man noch Fischsauce, Tamarindensaft, Salz und das mittlerweile erkaltete Öl. Alles zu einer feinen Paste vermischen.

Zubereitung:

Geben Sie das Öl in einen Wok und erhitzen sie es. Die Heuschrecken und den Knoblauch dazu, bis die Heuschrecken knusprig und leicht gerötet sind. Geben Sie nun die frischen Chili und die Chilipaste hinein, auch die Sojasauce. Alles gut vermischen und mit der Hühnerbrühe auffüllen. Kurz vor dem Servieren wird das Basilikum eingerührt.
Zu diesem Gericht serviert man Reis.

JINGRIT PAD TUA NGORK BAI HORAPA – „GRILLEN MIT BASILIKUM"

Für 2–3 Personen

Zutaten:

- 60 große Grillen
- 1 EL gehackter Knoblauch
- 700 g Mungobohnenkeime
- 2 EL Fischsauce
- 1 TL Zucker
- 1/2 TL schwarzer Pfeffer
- 1 bis 1 1/2 TL zerdrückte rote Chili
- 60 ml Pflanzenöl
- 30 g Thai-Basilikum-Blätter (Horapa)

Vorbereitung:

Grillen waschen, Flügel und hintere Sprungbeinschienen entfernen.

Zubereitung:

In einem großen Wok wird das Öl stark erhitzt. Grillen hinzu und unter ständigem Rühren 1 min lang braten. Fügen Sie nun Knoblauch und Chili bei und rühren Sie weitere 30 s. Dann noch die Mungobohnenkeime dazu und abermals 30 s lang bei sehr starker Hitze weiter braten.
Würzen Sie mit Fischsauce, Zucker und Pfeffer nach eigenem Geschmack. Geben Sie zum Schluss die Basilikumblätter in das Gericht und braten Sie alles nochmals für 30 s. Anschließend schnell alles auf einen Teller oder in eine Schüssel geben und servieren.

KWAY T'OW PAD MENG JINGRIT – „GEBRATENE REISNUDELN, MIT GRILLEN UND MEHLWÜRMERN VERFEINERT"

Für 3-4 Personen

Zutaten:

500 g dicke Reisnudeln
60 ml Pflanzenöl
3 Knoblauchzehen
300 g *Zophobas* – Südamerikanische Riesenmehlwürmer
200 g große oder mittlere Grillen
170 g Mungobohnenkeime
60 ml helle Sojasauce
1 bis 2 TL getrockneter zerdrückter Chili
20 g Krapow-Basilikum
1 große Chilischote
60 ml Fischsauce

Vorbereitung:

Zerschneiden Sie die Chilischote in kleine Ringe und zerhacken Sie die geschälten Knoblauchzehen in grobe Stücke.
Die Insekten sollten Sie gründlich abwaschen. Verwenden Sie mittelgroße, also noch nicht ausgewachsene Grillen, das erleichtert die Arbeit, da das Entfernen der Flügel dann nicht nötig ist.

Zubereitung:

In einem Topf Wasser aufkochen lassen. Geben Sie die Nudeln hinzu, lassen Sie diese 1/2 bis 1 min garen. Danach die Nudeln abtropfen lassen und mit kaltem Wasser abschrecken. Nochmals abtropfen lassen und in Öl schwenken.

Erhitzen Sie das restliche Öl in einem Wok oder einer Pfanne auf mittlere Temperatur. Geben Sie den Knoblauch in das Öl und lassen Sie ihn goldbraun anbraten. Entnehmen Sie den Knoblauch mit möglichst wenig Öl aus dem Wok. Dieses wird für die weiteren Schritte benötigt.

Erhöhen Sie die Hitze im Wok. Legen Sie die Grillen und die *Zophobas* hinein, rühren sie regelmäßig um. Die Tiere sollten 30 s lang braten. Fügen Sie nun die Reisnudeln zusammen mit den Mungobohnenkeimen, der Sojasauce sowie Chilipulver dazu. Bei starker Hitze für 30 s alles schön vermischen. Geben Sie nur noch Fischsauce, Basilikum und die Ringe der Chilischote in das Gericht und lassen Sie alles nochmals 30 s unter Rühren garen.
Überführen Sie das Ganze in eine Schüssel und krönen Sie es mit den zuvor goldgelb gebratenen Knoblauchstücken.

Tipp:

Anstelle der frischen breiten Nudeln können auch 300 g getrocknete Reisstäbchennudeln verwendet werden. Diese sollten zuvor jedoch in heißem Wasser eingeweicht und gegart werden.

TAGGATAEN OBWUNSEN – „HEUSCHRECKEN IN KASSEROLLE"

Für 2–3 Personen

Zutaten:

- 300 g Heuschrecken
- 2 Korianderwurzeln
- 5 cm großes Ingwerstück
- 3–4 Knoblauchzehen
- 2 Streifen Speck, gut durchwachsen
- 1 EL zerstoßene weiße Pfefferkörner
- 250 g Glasnudeln
- 1 TL Butter
- 1/4 Tasse Korianderblätter und -stängel, gehackt
- 3 EL schwarze Sojasauce
- 2 Frühlingszwiebeln

Zutaten für die Brühe:

- 2 Tassen Hühnerfond
- 2 EL schwarze Sojasauce
- 2 EL Austernsauce
- 1/2 TL Zucker
- 1/2 EL Sesamöl
- 1 TL Mekong-Whisky oder Brandy (ein anderer Whisky geht natürlich auch)

Vorbereitung:

Waschen Sie die Heuschrecken und entfernen Sie die Flügel sowie die Schienen der Sprungbeine. Nehmen Sie die Korianderwurzel und schneiden Sie diese in Längshälften. Der Ingwer wird zerstoßen und feingehackt, ebenso die Knoblauchzehen. Geben Sie die Glasnudeln für mindestens 5 min in eine Schale mit kaltem Wasser. Die Frühlingszwiebel wird in 4 cm lange Stücke geschnitten.

Zubereitung:

Geben Sie die Zutaten für die Brühe in eine Pfanne und erhitzen Sie das Ganze. Es sollte 5 min lang sieden; danach wieder abkühlen lassen.
Auf den Boden einer hitzebeständigen Kasserolle kommt der Speck. Hinzu legen Sie Heuschrecken, Ingwer, Knoblauch, Pfefferkörner und Korianderwurzel. Darauf noch die Nudeln; geben sie nun Butter, Sojasauce und die Brühe hinzu. Alles gut bedecken und zum Kochen bringen. Lassen Sie das Ganze nicht länger als 3 min sieden, rühren Sie nun alles gut durch und geben Sie die Frühlingszwiebeln und den Koriander hinzu. Nochmals 2–3 min kochen lassen. Vor dem Servieren sollte die überschüssige Flüssigkeit aus der Kasserolle abgegossen werden.

TAGGATAEN PRIAU WAAN „SÜSSSAURE HEUSCHRECKEN"

Für 2 Personen

Zutaten:

50–80 Heuschrecken
2 TL gepresste Tamarinde
2 EL Fischsauce
3 EL Palmzucker
4 Schalotten
4 EL Öl

Vorbereitung:

Für die Zubereitung des Tamarindensaftes geben Sie zwei TL der Tamarinde in eine Schale mit 150 ml lauwarmem Wasser. Lassen Sie die Tamarinde ca. 10 min lang einweichen und kneten Sie anschließend den entstandenen Brei gut durch. Entfernen Sie alle harten Bestandteile des Breies, wie Kerne und Stiele. Gießen Sie anschließend alles durch ein feines Sieb.

Die Heuschrecken werden abgetötet, die lästigen oder gefährlichen Beinteile und Flügel entfernt. Schalotten schälen und in kleine Streifen schneiden.

Zubereitung:

Geben Sie in einen Wok 2 EL Öl und erhitzen Sie es. Bei mittlerer Hitze werden die Schalottenstreifen für etwa 2–3 min goldgelb gebraten.
Zwischenzeitlich geben Sie in den Tamarindensaft den Palmzucker und die Fischsauce. Alles kräftig verrühren, bis der Zucker sich aufgelöst hat. Diese Mischung wird in einem kleinen Topf für 2 min auf mittlerer Stufe gekocht. Dort hinein geben Sie die gebratenen Schalotten und halten alles warm.
Nun das restliche Öl in einen Wok; braten Sie die Heuschrecken, bis diese knusprig sind. Meist erhalten sie dann einen schwach rötlichen Touch.
Legen Sie die Heuschrecken auf einen Teller oder in eine Schale und geben Sie die Tamarindensauce darüber.

Tipp:

Sie können die Tamarindensauce auch als Dip verwenden, dann wird diese in einem extra Schälchen serviert.

MENG PONG TORD RAAD KHAO – „FRITTIERTE SKORPIONE MIT REIS"

Für 2 Personen

Zutaten:

1 EL Sojasauce oder Maggi-Gewürz
2 Pandanusblätter
6 Asiatische Riesenskorpione
Salz
Pfeffer
3 Tassen Reis
3 Tassen Wasser
4 EL Öl

Vorbereitung:

Schneiden Sie die gewaschenen Pandanusblätter in 4 cm lange Stückchen.
Die Skorpione kommen zum Abtöten in das Gefrierfach. Beim Umgang mit diesen Tieren ist stets größte Vorsicht geboten, da diese empfindlich stechen und unter Umständen eine allergische Reaktion auslösen können. Das Gift der Asiatischen Riesenskorpione ist allerdings mindergiftig.

Zubereitung:

Der Reis wird gewaschen und in einen Reiskocher gefüllt. Auf die drei Tassen Reis geben Sie drei Tassen Wasser. Kochen Sie den Reis, bis er bissfest und das Wasser aufgenommen ist. Sie können natürlich auch Reis aus dem Kochbeutel nutzen und die Kochanweisung beachten.
Eine andere Möglichkeit, Reis schnell zuzubereiten, ist das Kochen in der Mikrowelle. Geben Sie den gewaschenen Reis in eine mikrowellentaugliche Schale und bedecken Sie ihn 1–2 cm hoch mit Wasser. Nun stellen Sie die Mikrowelle auf die höchste Stufe und lassen diese dann 5–10 Min lang arbeiten, je nach Leistung des Gerätes.
Zwischenzeitlich geben Sie etwas Öl in den Wok und erwärmen es. Nehmen Sie die toten Skorpione und schneiden Sie vorsichtig die Giftblase ab. Legen Sie nun die Tiere in das heiße Öl. Braten Sie die Skorpione kräftig für 3–5 min. Zusätzlich sollten Sie noch die Pandanusblätter mit in das Öl geben.
Sind die Tiere gar, legen Sie alles auf einen Teller und würzen die Skorpione mit der Sojasauce, Salz und Pfeffer.
Angerichtet werden die Skorpione mit Reis und ein wenig frischem Gemüse oder Salat. Der Geschmack der Tiere ähnelt dem der Schweineleber.

Anmerkung:

Beim Verzehr sollten Sie auf den Genuss der starken Scheren verzichten, da diese mit den bloßen Zähnen nicht zerbrochen werden können. Sollten Sie dennoch an das Fleisch kommen wollen, ist ein Aufschneiden mit Schere oder gar einer Zange kaum zu umgehen.

DACAP TORD GRATIEM – „KÖSTLICHER SKOLOPENDER"

Für 2 Personen

Zutaten:

2 Riesenskolopender
2 Tassen Reis
100 ml Pflanzenöl
3 Knoblauchzehen
300 g Thaispinat
1 TL Sojasauce

Vorbereitung:

Geben Sie die Skolopender in den Gefrierschrank, sodass sie schockgefrieren. Im Umgang mit diesen Tieren ist Vorsicht geboten, da Sie ansonsten einen zumindest schmerzhaften Giftbiss zu befürchten haben.
Bereiten Sie in der Zwischenzeit den Knoblauch vor. Dazu schälen sie die Zehen und schneiden diese in kleine Würfel.

Zubereitung:

Geben Sie den Reis in einen Reiskocher, fügen Sie noch zwei Tassen Wasser hinzu. Kochen Sie dann den Reis bissfest.

Erhitzen Sie in einem Wok das Öl auf mittlerer Stufe. Geben Sie den Knoblauch in das Öl, dieser sollte goldbraun werden. Im Anschluss daran kommen die Skolopender in das Öl. Braten sie die Tiere nicht länger als 2 min.

In einem anderen Topf lassen Sie Wasser sieden, in das der zuvor gewaschene Spinat für maximal 30 s gegeben wird.

Servieren Sie alles zusammen auf einem Teller. Der Reis wird dafür in eine Tasse gegeben, die man auf dem Teller umstülpt. Auf den so entstandenen Reishügel legen Sie einen Skolopender und übergießen diesen mit der Fischsauce. Daneben wird der Spinat angerichtet.

Tipp:

Die Skolopender sind in der Anschaffung sehr teuer, sodass dieses Gericht nicht alltäglich ist. Beim Verzehr der Tiere sollte man darauf verzichten, die Kopfteile mitzuessen.

MENG DAH ZOHD SAI – „GEFÜLLTE WASSERWANZEN"

Für 4 Personen

Zutaten:

8 Riesenwasserwanzen – *Lethocercus indicus*
100 g Schweinegehacktes
1/2 TL Austernsauce
1/4 TL Salz
1 Prise Zucker
1 TL Maggi oder Fischsauce
200 ml Sonnenblumenöl

Vorbereitung:

Von den Wasserwanzen entfernen Sie zuerst die Flügel. Waschen Sie die Tiere gründlich. Trennen Sie die letzten drei Hinterleibssegmente der Wanze, das Abdomenende, ab und ziehen Sie den Darm dabei mit heraus.

Zubereitung:

Geben Sie das Gehackte in eine Schale. Zusammen mit Salz, Austernsauce, Fischsauce und Zucker durchkneten. Ist dieser Vorgang abgeschlossen, nehmen Sie einen Teelöffel und füllen die Wasserwanzen mit der Masse. Vorsicht, damit der Hinterleib der Wasserwanzen auch standhält!

Geben Sie das Öl in einen Wok und erhitzen Sie es stark. Ist die Arbeitstemperatur erreicht, so können die Wasserwanzen mit ihrer Füllung in das Öl gelegt werden. Achtung, es besteht hierbei große Spritzgefahr! Die Wanzen werden ca. 10 min lang gebraten, bis sie richtig knusprig erscheinen.

Tipp:

Zum Garnieren können Sie Karambolenscheiben verwenden. Die Sternfrucht, wie sie auch genannt wird, wird zuvor mit etwas Zucker karamellisiert.

Neben der süßen Variante gibt es auch noch eine leicht herbe Version. Statt der Sternfrucht wird dann roher Weißkohl verwendet. Gekochter Weißkohl mit einigen Spritzern der Fischsauce kann auch als Beilage dienen und rundet das Gericht geschmacklich ab.

SCHUCHI TAGGATAEN – „PIKANTE HEUSCHRECKEN"

Für 2–3 Personen

Vorbereitung:

Für dieses Gericht müssen Sie die Heuschrecken abwaschen und die Flügel sowie den stacheligen Teil der Sprungbeine entfernen.
Die Kaffirlimonenblätter werden in sehr feine, dünne Streifen geschnitten bzw. gehackt.

Zutaten:

- 200 g Heuschrecken
- 3 TL Zucker
- 2 TL Fischsauce
- Glutamat
- 4 EL Sojaöl
- 2 Kaffirlimonenblätter
- 1 TL rote Chilipaste
- 4 EL Wasser
- Crème fraîche

Zubereitung:

Sie geben in eine tiefe Pfanne oder einen Wok 3 EL Öl und frittieren die Heuschrecken für ca. 2–3 Min, bis diese eine leichte Rotfärbung annehmen. Geben Sie die Heuschrecken in ein Nudelsieb, möglichst aus Metall, und lassen Sie das Öl abtropfen.
Als zweiten Schritt benötigen wir wieder eine Pfanne oder einen Wok mit 1 EL Öl, der ebenfalls erhitzt wird. Geben Sie nun 1 EL von der roten Chilipaste in das Öl; kurz umrühren und Fischsauce, Zucker und Glutamat ebenfalls mit unterrühren. Noch 4 EL Wasser in den Sud geben und weiter rühren. 2 min bei kleiner Flamme köcheln lassen. Die Heuschrecken mit in die Pfanne geben und nochmals 1 min weiter kochen. Anschließend pürieren und die Crème fraîche unterrühren. Garniert wird mit den Streifen der Kaffirlimonenblätter.

Tipp:

Zum weiteren Garnieren empfehlen wir, das Gericht mit Radieschen oder Rettich anzubieten. Diese Variante der frittierten Heuschrecken wird nicht als Snack genutzt, sondern kann als Hauptspeise zu Nudeln und verschiedenen Salaten gereicht werden.

„ZAZIKI UND ZOPHOBAS"

Zutaten: Für 2–3 Personen

200 g *Zophobas* – Südamerikanische Riesenmehlwürmer
100 g Zaziki-Marinade
1 Gemüsezwiebel
1 kleiner Kopf frischer Feld- oder Eisbergsalat
4 EL Öl

Vorbereitung:

Waschen Sie den Salat und die *Zophobas*. Schälen Sie die Gemüsezwiebel und schneiden Sie diese in kleine Scheiben.

Zubereitung:

Geben Sie die Riesenmehlwürmer in einen Wok mit heißem Öl und frittieren Sie diese 2 min lang.

Die fertigen *Zophobas* aus dem Öl nehmen und abtropfen lassen.

Erwärmen Sie kurz das Zaziki, anschließend gibt man die Zwiebeln hinzu. Die *Zophobas* werden in der Zwischenzeit auf einem Teller angerichtet, den man zuvor mit Salatblättern ausgelegt hat. Darüber gießen Sie die erwärmte Zazikisauce.

PAD PRIEW WAN „SÜSSSAURE HEUSCHRECKEN MIT ANANAS"

Für 2–3 Personen

Zutaten:

2 TL Knoblauchstücke
2–3 TL getrockneter Chili
1 TL Ingwer
300 g Heuschrecken
2 mittelgroße Zwiebeln
1 grüne Paprikaschote
300 g Ananas
1 große Tomate
2 Frühlingszwiebeln
60 ml Speiseöl
2 TL Maisstärke
185 ml Hühnerfond
1 1/2 EL Essig
1 1/2 EL Zucker
1 EL Fischsauce
1/4 TL Salz

Vorbereitung:

Die getrockneten Chilischoten werden in einem Mörser zerstampft, den Ingwer reibt man fein; es wird davon 1 TL benötigt. Knoblauch in feine Stücke hacken. Tomaten achteln und Frühlingszwiebeln in 4 cm lange Stücke schneiden. Paprika in mundgerechte Portionen teilen. Ananas würfeln. Die Heuschrecken werden abgetötet, Flügel und Sprungbeinschienen entfernt.

Zubereitung:

Zuerst wird die Sauce vorbereitet. Dazu nehmen Sie die Stärke, geben diese in eine Schüssel und füllen langsam, in kleinen Schritten, Hühnerfond, Essig, Zucker, Fischsauce und Salz dazu. Stetig rühren, bis der Zucker sich aufgelöst hat.
Zwischenzeitlich wird der Wok oder eine tiefe Pfanne stark erhitzt. 2 EL Öl in den Wok geben. Knoblauch, Chili und Ingwer im Öl kurz umrühren. Anschließend die Heuschrecken hinzugeben und für 1–2 min unter stetigem Rühren garen lassen. Zusätzlich das restliche Öl mit in den Wok geben, ebenso die Zwiebel und die Paprika. Eine weitere Minute braten lassen, ab und zu rühren. Die Ananaswürfel dazu, noch eine Minute rühren. Geben Sie im Anschluss die Tomaten und die Frühlingszwiebeln hinzu, nochmals kurz durchbraten.
Jetzt muss nur noch die Saucenmischung in den Wok, und alles 30 s lang kochen, dabei stets umrühren. Anschließend das Gericht auf einem Teller heiß servieren.

Tipp:

Anstelle frischer Ananas kann auch eingelegte Dosenananas verwendet werden. Als Beilage reicht man gekochten Reis.

NHON RAD MHU SÁLAD „SCHWEINEMEDALLONS MIT BIENENLARVEN IN HONIG"

Zutaten:

250 g mageres Schweinefleisch
100 g Bienen- oder Wespenlarven
1 Knoblauchzehe
1 Gemüsezwiebel
Salz
Peffer
Muskat
50 ml Honig
Sojaöl
1 Stängel Koriander
Chili

Für 2 Personen

Vorbereitung:

Schälen Sie die Knoblauchzehe und die Gemüsezwiebel und schneiden Sie beide in kleine Scheiben. Der Koriander wird kleingehackt. Waschen Sie die Bienenlarven.

Zubereitung:

Würzen Sie das Schweinefleisch nach Belieben mit Salz, Pfeffer und einer Prise Muskat. Geben Sie es anschließend in eine Pfanne mit etwas heißem Öl, um es kurz anzubraten. Nach 5–8 Minuten sollte das Fleisch leicht gebräunt sein. Geben Sie nun den Honig mit in die Pfanne und fügen Sie gleichzeitig die Bienenlarven dazu. Nach drei Minuten auf kleiner Flamme können Sie das Fleisch auf einem Teller anrichten und mit einem Löffel den heißen Honig mit den Larven darüber geben. Um einen angenehmen frischen Geschmack zu erhalten, sollten Sie den gehackten Koriander rasch über den heißen Honig streuen.

Anmerkung:

Anstelle der Bienenlarven können auch die etwas selteneren Wespenlarven benutzt werden. Sollten beide Arten nicht vorhanden sein, lässt sich dieses Gericht auch mit Wachsmottenlarven zubereiten.

„ZOPHOBAS IN ZARTER SOSSE ÜBER FRISCHEM SPARGEL"

Für 2–3 Personen

Zutaten:

150 g *Zophobas* – Südamerikanische Riesenmehlwürmer
300 g Spargel, möglichst frisch, notfalls auch aus der Dose
2 EL Crème fraîche
Hühnerbrühe
Italienische Kräutermischung
250 g Schlagsahne
1 EL Semmelbrösel
Pfeffer
Salz

Vorbereitung:

Der Spargel wird geschält und gewässert, ebenso die Riesenmehlwürmer, die man anschließend auf einem Papiertuch trocknen lässt.

Zubereitung:

Der Spargel wird in einem Topf mit Wasser und etwas Salz gar und zart gekocht. In einem zweiten Topf bereiten Sie die Hühnerbrühe vor und bringen diese zum Aufkochen. Reduzieren Sie die Flamme und köcheln Sie die Brühe bei kleiner Flamme. Geben Sie nun die Schlagsahne und die Crème fraîche hinein. Alles gut umrühren. Nun die Kräutermischung und den Pfeffer in den Fond. Lassen Sie die Brühe kurz aufkochen und geben Sie die Semmelbrösel sowie die *Zophobas* mit hinein. Lassen Sie alles nochmals für 3–5 min köcheln. Richten Sie den Spargel auf einem Teller an und übergießen Sie ihn mit der köstlichen Soße.

SNACKS

JINGRIT SOHD SAI THUA – „GEFÜLLTE GRILLE"

Für 2–3 Personen

Zutaten:

40 größere Grillen
50 geröstete Erdnüsse
1 Prise Salz
1 Prise weißer Pfeffer
1/2 Liter Öl
Sojasauce

Vorbereitung:

Rösten Sie die Erdnüsse, sofern diese noch nicht geröstet sind.
Die Grillen werden für dieses Rezept ausgenommen. Hierzu müssen sie zunächst im Gefrierschrank abgetötet werden. Nach dem Waschen dann die Flügel entfernen. Das kann durch einfaches Reißen, aber auch durch Abschneiden erfolgen. Auf jeden Fall sollten die Flügel direkt an der Flügelbasis entfernt werden. Danach wird der Kopf ergriffen und kräftig nach unten gezogen. Die Haut im Nacken sollte dabei aufreißen, dadurch wird der Schlund der Grille freigelegt. Ergreifen Sie ihn nun und ziehen Sie ihn kräftig heraus – dabei wird sich der Magen mit dem Anfang des Darmtrakts aus der Grille ziehen lassen. Da hierbei jedoch nicht der komplette Darm herausgetrennt wird, drehen Sie das Tier, ergreifen Sie das Hinterende und reißen Sie die letzten Segmente ebenfalls ab, wobei der letzte Rest des Darmes entfernt wird.
Wurden alle Grillen auf diese Weise vorbereitet, so kann man sie nun füllen.
Für jede Grille wird eine Nuss benötigt. Die Nüsse werden vorsichtig in das Hinterende der Grille geschoben.

Zubereitung:

Die vorbereiteten Grillen geben Sie in einen Wok mit heißem Öl. Rösten bzw. frittieren Sie die Grillen so lange, bis diese eine deutlich rötliche Färbung aufweisen. Diese wird jedoch nicht so kräftig wie beim Zubereiten von Krebstieren. Anschließend geben Sie die Grillen auf einen Teller und würzen alles nach Belieben.

Anmerkung:

Je größer die Grillenart, desto leichter ist es, die Tiere zu füllen.

TAGGATAEN TORD – „GEBRATENE HEUSCHRECKE"

Für 2–3 Personen

Zutaten:

100 Heuschrecken
1/2 Liter Sojaöl
200 g Pandanusblätter
Sojasauce oder Maggi-Gewürz
Salz und Pfeffer

Vorbereitung:

Heuschrecken im Tiefkühlfach abtöten. Flügel und bedornte Teile der Hinterbeine mit Hilfe einer kleinen Schere entfernen.
Die Pandanusblätter in kleine Stücke schneiden und waschen.

Zubereitung:

In der Zwischenzeit wird ein Wok oder ein größerer Topf mit Öl gefüllt und dieses erhitzt. Die vorbereiteten Heuschrecken gibt man in das heiße Öl, gleichzeitig mit den zerschnittenen Pandanusblättern. Der entstehende Lärm wird sich, wie auch das Spritzen, nach kurzer Zeit wieder legen... Besser ist es dennoch, wenn Sie einen Spritzschutz verwenden! Die Heuschrecken werden ca. 5–10 min lang auf diese Weise frittiert. Im Garzustand bekommen sie eine leicht rötliche Färbung. Anschließend werden die Heuschrecken mit einem Sieb aus dem Topf geholt und abgetropft. Geben Sie die Insekten auf einen Teller und besprühen Sie alles mit der Sojasauce. Anstelle der Sojasauce können Sie auch Maggi-Gewürz verwenden. Am besten nimmt man für das Einsprühen einen kleinen Zerstäuber. Nun kann mit Salz und Pfeffer nachgewürzt werden.

Anmerkung:

Die Tiere sollten warm serviert werden, da sie im kalten Zustand ihren Geschmack verlieren. Das Gericht schmeckt ähnlich wie Schweinemedaillons.

„GRYLLUS FRITES – GRILLEN KURZ GERÖSTET"

Für 2–3 Personen

Zutaten:

100 Kurzflügelgrillen, Heimchen oder ähnliche Arten
1 Prise Salz
300 ml Wasser

Vorbereitung:

Für diesen Snack sollten Sie die Tiere einige Tage lang mit Weizenkleie füttern.
Die verwendeten Grillen werden nach dem Abtöten im Gefrierschrank gewässert und gewaschen.

Zubereitung:

Kochen Sie die Tiere für 10 min in Salzwasser. Dann mit einem Sieb herausnehmen und abtropfen lassen.
Stellen Sie nun einen Wok oder eine Pfanne auf den erwärmten Herd. Verwenden Sie hier kein Öl, wir wollen die Grillen rösten. Legen Sie diese in die Pfanne und bewegen Sie die Insekten regelmäßig, damit ein gleichmäßiger Röstvorgang stattfinden kann. Nach weiteren 10 min sollten die Grillen gar und servierfertig sein.

Anmerkung:

Geschmackliche Abrundung kann auch hier mit Sojasauce oder Maggi-Gewürz erzielt werden.

MENG MODT TORDT – „GERÖSTETE TERMITEN"

Für 2 Personen

Zutaten:

300 g geflügelte Termiten, die Prinzessinnen und Prinzen
1/2 Liter Sojaöl
200 g Pandanusblätter
Sojasauce oder Maggi-Gewürz
Salz und Pfeffer

Vorbereitung:

Termiten schwärmen meist zu Anfang der Regenzeit zum Hochzeitsflug aus. Nachts ist es sehr leicht, diese an verschiedensten Lichtquellen zu Hunderten abzusammeln. Die Tiere werden kurz mit Wasser abgespült. Die Flügel entfernt man erst beim Verzehr, falls sie vorher nicht schon ohnehin abgefallen sind. Pandanusblätter in kleine Stücke schneiden und waschen.

Zubereitung:

In einem Wok das Öl erhitzen, dann die Termiten mit den Pandanusblättern hineingeben. Die Termiten sollten für 3–4 min lang auf diese Weise frittiert werden. Im Garzustand bekommen sie wie die Heuschrecken eine leicht rötliche Färbung. Nun holt man die Tiere mit einem Sieb aus dem Topf und lässt sie abtropfen. Geben Sie alles auf einen Teller und besprühen es mit der Sojasauce. Alternativ können Sie auch Maggi-Gewürz verwendet. Zum Besprühen benutzt man am besten einen kleinen Zerstäuber. Nun nur noch mit Salz und Pfeffer nachwürzen und – voilà!

Anmerkung:

Die Tiere sollten warm serviert werden, da sie im kalten Zustand ihren Geschmack verlieren. Das Gericht schmeckt sehr nussig.

TAGGATAEN PAD „FRITTIERTE HEUSCHRECKEN IN KOKOSRASPELN"

Für 2–3 Personen

Vorbereitung:

Entfernen Sie von den abgetöteten Heuschrecken die Flügel und die Sprungbeinschienen. Raspeln Sie den Ingwer, bis die gewünschte Menge zur Verfügung steht. Die Knoblauchzehe wird geschält und zerdrückt. Die Chilischote entkernen und zerhacken. Auch den Koriander zerkleinern.

Zutaten:

- 75 Heuschrecken
- 175 ml Kokoscreme
- 110 g Kokosraspel
- 375 ml Öl
- 1 rote Chilischote
- 1 Knoblauchzehe
- 1 EL süße Chilisauce
- 1 TL Salz
- 1 EL Korianderblätter
- 1 3/4 TL frischer, geraspelter Ingwer

Zubereitung:

In eine Glas- oder Edelstahlschüssel geben Sie folgende Zutaten und verrühren diese miteinander: Kokoscreme, Chilischote, süße Chilisauce, Koriander, Salz und Knoblauch. In der so entstandenen Marinade werden nun die Heuschrecken eingelegt. Lassen sie die Tiere für eine Stunde darin „schwimmen". Anschließend entnehmen Sie die Insekten wieder der Marinade und lassen sie abtropfen. Die Kokosraspeln auf einem Teller verteilen und die Heuschrecken darin drehen, bis diese ringsum bedeckt sind. Nun können die Insekten in einen Wok mit heißem Öl gegeben werden, in dem man sie für 1–2 Min bei mittlerer Hitze frittiert. Anschließend die Heuschrecken aus dem Wok entfernen, gut abtropfen lassen und zusammen mit etwas süßsaurer Chilisauce auf einem Teller servieren.

Tipp:

Zusätzlich zu den gehackten Korianderblättern können noch Dillspitzen mit in die Marinade gegeben werden und zum Panieren lässt sich anstelle der Kokosraspeln auch Reismehl verwenden. Versuchen Sie auch einmal Riesenmehlwürmer (*Zophobas*) anstelle der Heuschrecken!

SÜSSE SNACKS

„GRILLEN MIT SCHOKOLADE ÜBERZOGEN"

Für 2–3 Personen

Zutaten:

3 Tassen Grillen
1 Tafel Backschokolade

Vorbereitung:

Grillen nach dem Auftauen waschen. Heizen Sie den Backofen auf 180 °C vor.

Zubereitung:

Auf ein Backblech legen Sie etwas Backpapier, auf das dann die Grillen kommen. Das Blech bleibt für 5 min im Backofen. Der Garzustand ist erreicht, wenn die Grillen knusprig, jedoch nicht ganz trocken sind.

Zwischenzeitlich erwärmen Sie in einem Dampfbad die Backschokolade, bis diese eine flüssige Konsistenz aufweist.

Nehmen Sie das Backblech aus dem Ofen und geben Sie die Grillen auf einen Teller, der ebenfalls mit Backpapier ausgelegt ist. Anschließend wird die heiße Schokolade über die Grillen gegossen. Lassen Sie die Schokolade wieder erkalten und servieren Sie die Grillen als kleinen Partysnack auf einem weiteren Teller.

Tipp:

Anstelle der Backschokolade würde auch handelsübliche Milchschokolade den Zweck erfüllen, jedoch ist hier beim Erwärmen etwas mehr Vorsicht geboten, da diese schneller schmilzt und eher zum Anbrennen neigt.
Statt der Grillen können natürlich auch Heuschrecken oder Mehlwürmer verwendet werden.

„KARAMELLISIERTE MEHLWÜRMER"

Für 2–3 Personen

Zutaten:

90 g Zucker
90 ml Fischsauce
350 g *Zophobas* - Riesenmehlwürmer
1 EL schwarzer Pfeffer
1 EL in Streifen geschnittener frischer Ingwer

Vorbereitung:

Schneiden Sie den Ingwer in kleine Streifen. Die aufgetauten Mehlwürmer gründlich waschen.

Zubereitung:

Geben Sie den Zucker zum Erhitzen in einen großen Topf. Der Zucker wird bald schmelzen, und wenn er eine goldbraune Färbung angenommen hat, nehmen Sie den Topf vom Herd. Gießen Sie die Fischsauce hinzu, dabei ist Vorsicht geboten: Es besteht starke Spritzgefahr. Zusätzlich noch 375 ml Wasser hinein. Alles wieder zurück auf den Herd stellen und nochmals aufkochen lassen. Umrühren, bis der Zucker sich aufgelöst hat. Die Riesenmehlwürmer und der Ingwer werden anschließend in den Topf gegeben, alles 10 min lang leicht köcheln. Aus dem Topf nehmen und abkühlen lassen, auf einem Teller servieren.

BEZUGSQUELLEN FÜR DIE INSEKTEN

Viele der in diesem Buch verwendeten Zutaten werden in Europa in speziellen Farmen gezüchtet. Die Keller einiger Hobbyisten sind teilweise sogar voll von leckeren Insektenzuchten, diese dienen meist als Echsenfutter. Es ist relativ einfach, an einige Insektenarten zu gelangen, da manche in Zoohandlungen, ebenfalls als Echsenfutter, gehandelt oder vom spezialisierten Handel versandt werden. Für einige Besonderheiten sollten Sie einen Gang auf eine der zahlreichen, stellenweise allerdings überteuerten Terrarien- oder Insektenbörsen nicht versäumen. Hier bekommen Sie für das entsprechende Entgelt fast jedes Tier, das Sie für Ihr Wunschgericht benötigen.

Neben einigen Terrarienvereinen, die sich speziell mit der Zucht von Insekten und Spinnentieren beschäftigen, gibt es, wie erwähnt, auch die professionellen Insektenfarmen, wo man ebenfalls an Tiere gelangen kann. Diese weisen jedoch ausdrücklich darauf hin, dass ihre Tiere als Futterinsekten gezogen werden. Dementsprechend sollten die Tiere mindestens eine Woche lang zu Hause gehältert und gefüttert werden, bevor man sie zubereitet.

Adressen entnehmen Sie bitte den einschlägigen Fachzeitschriften, z. B. der

REPTILIA
Natur und Tier - Verlag GmbH,
An der Kleimannbrücke 39/41,
48157 Münster
Tel. 0251/1 33 39-0, Fax 0251/1 33 3 933;
E-Mail: verlag@ms-verlag.de
Home: www.ms-verlag.de

Dort finden Sie auch – übersichtlich nach Postleitzahlen sortiert – Terraristikfachgeschäfte, die in aller Regel Insekten wie Heuschrecken, Grillen oder Mehlwürmer vorrätig haben oder Sie Ihnen zumindest schnell beschaffen können.

Für alle Fragen rund um Insekten können Sie sich wenden an:

ZAG Wirbellose im Terrarium e. V.,
Wenzelstr. 5,
08223 Falkenstein

Außerdem lesenswert:

The Food Insects Newsletter.
Florence V. Dunkel, Ed., Dept. Of Entomol.,
Montana State University,
324 Leon Johnson Hall,
Bozeman,
MT59717 - 0302.

WEITERFÜHRENDE LITERATUR:

Blum, M. S. (1978): Biochemical defenses of insects. In: Biochemistry of Insects (hg. von M. Rockstein): 465-513. – Academic Press, New York.

Bodenheimer, F. S. (1951): Insects as Human Food. – W. Junk, The Hague, 352pp.

Chavunduka, D. M. (1975): Insects as a source of protein to the African. – Rhodesian Sci. News 9: 217-220.

Comby, B. (1990): Delicieux Insectes. Les Proteines du Futur. – Editions Jouvence, Geneve, 156 S.

-. (1993): Köstliche Insekten. Die Proteine der Zukunft. Unerschöpfliche Quelle für die gesunde Ernährung. – Eichborn, Frankfurt/Main, 152 S.

Conconi, J. R.E. (1982): Los insectos como fuente de proteinas en el futuro. – Edit. Limusa, 142 S.

DeFoliart, G. R. (1975): Insects as sources of proteins. – Bull. Ent. Soc. Amer. 21(3): 161-163.

- (1989): The human use of insects as food and as animal feed. – Bull. Ent. Soc. Amer. 35: 22-35.

- (1991): Insect fatty acids: similar to those of poultry and fish in their degree of unsaturation, but higher in the poly.unsaturates. – Food Insects Newsletter. 4(1): 1-4.

- (1992): Insects as Human Food. – Crop Protection. Vol. 11: 395-399.

Dufour, D. L. (1987): Insects as food. A case study from northwest Amazon. – Am. Anthropologist 89: 383-397.

Friederich, U. & W. Volland (1998): Futtertierzucht. Lebendfutter für Vivarientiere. – Verlag Eugen Ulmer, 188 S.

Fritzsche, I. & B. Fritzsche (2000): Ein Getränk mit Biss und die Leber mit Stich. – REPTILIA 5(1): 73-75.

- (2001): Lecker, diese Heuschrecken! – REPTILIA 6(6), Nr. 32: 41-43.

Fritzsche, I. & B. Gitsaga (2000): Terrestrische Arthropoden als Nahrungs- und Genussmittel auf thailändischen Märkten. – Entomologische Zeitschrift 110(1): 2-4.

Goodman, W. G. (1989): Chitin: a magic bullet? – Food Insects Newsletter 2(3): 6-7.

Gordon, D. G. (1998): The Eat-A-Bug Cookbook. – Ten Speed Press, 102 S.

Holt, V. M. (1985): Why Not Eat Insects? – E.W. Classey, Ltd., 99 S.

Kantha, S. S. (1988): Insect eating in Japan (letter). – Nature 336: 316-317.

Menzel, P. & F. D'Aluisio (1998): Man eating bugs: the art and science of eating insects. – Material World Books. Ten Speed Press, 191 S.

Mitsuhashi, J. (1984): Edible Insects of the World. – Kokinshoin, Chiyoda-ku, 270 S. [in Japanisch]

Mitsuhashi, J. (Hg.) (1997): People Who Eat Insects. – Heibon-sha. [in Japanisch]

Muyay, Tango. (1981): Les insects comme Aliments de l'Homme. [Insects as Food for Man.] – CEEBA Publications Serie II, 69, 177 S.

Oliveira, J.S.S., J.P. de Carvalho, B.R.F.X. de Sous & M.M. Simao (1976): The nutritional value of four species of insects consumed in Angola. – Ecol. Food Nutr. 5: 91–97.

Orc, B. (1986): Improvement of women's health linked to reducing widespread anemia. – Int. Helth News 7: 3.

Pemberton, R. W. (1988): The use of the Thai gaint waterbug, *Lethocerus indicus* (Hemiptera: Belostomatidae), as human food in California. – Pan-Pacif Entomol. 64: 81-82.

Paoletti, M. G. & S. G. F. Bukkens (Hg.) (1997): Minilivestock. Special issue: Ecology of Food and Nutrition 36(2-4): 95-346 + 15 col. figs. (Based on papers presented at the International Symposium on Biodiversity in Agriculture for a Sustainable Future, Beijing, China, 19-21 September 1995. Zusammenfassung: The Food Insects Newsletter 8(3): 1-4, (1995)

Ramos-Elorduy, J.; M. Pino & Jose M. (1989): Los insectos comestibles en el Mexico antiguo. – A.G.T. Editor, S.A., 108 S.

Ramos-Elorduy, J. (1998): Creepy crawly cuisine: the gourmet guide to edible insects. – Park Street Press, 150 S.

Reim, H. (1962): Die Insektennahrung der australischen Ureinwohner. Eine Studie zur Frühgeschichte menschlicher Wirtschaft und Ernährung. – Veröff. Mus. Völkerk. 13. 159 S. Akad. Verl., Berlin.

Schimitschek, E. (1968): Insekten als Nahrung, in Brauchtum, Kult und Kultur. – In: Beier, M. (Hg.): Handbuch der Zoologie. Eine Naturgeschichte der Stämme des Tierreichs. IV(2)1/10: 1-62, 1968, 2. Lief., W. de Gruyter

Sutton, M. Q. (1988): Insects as food: aboriginal entomophagy in the Great Basin. – Ballena Press Anthropol. Papers 33, 115 S.

Taylor, R. & B. Carter (1975): Butterflies in My Stomach. – Woodbridge Press Publishing.

Taylor, R. & B. Carter (1996): Entertaining with Insects, or: The Original Guide to Insect Cookery. Salutek Publishing.

Natur und Tier - Verlag GmbH
An der Kleimannbrücke 39/41 • 48157 Münster
Telefon 0251/13339-0 • Fax 0251/13339-33
E-Mail: verlag@ms-verlag.de • www.ms-verlag.de